HEINRICH VON KLEIST

PRINZ FRIEDRICH VON HOMBURG

Ein Schauspiel

HAMBURGER LESEHEFTE VERLAG
HUSUM/NORDSEE

PERSONEN

FRIEDRICH WILHELM, Kurfürst von Brandenburg
DIE KURFÜRSTIN
PRINZESSIN NATALIE VON ORANIEN, seine Nichte, Chef eines Dragonerregiments
FELDMARSCHALL DÖRFLING
PRINZ FRIEDRICH ARTHUR VON HOMBURG, General der Reuterei
OBRIST KOTTWITZ, vom Regiment der Prinzessin von Oranien
HENNINGS } Obersten der Infanterie
GRAF TRUCHSS } Obersten der Infanterie
GRAF HOHENZOLLERN, von der Suite des Kurfürsten
RITTMEISTER VON DER GOLZ } Rittmeister
GRAF GEORG VON SPARREN } Rittmeister
STRANZ } Rittmeister
SIEGFRIED VON MÖRNER } Rittmeister
GRAF REUSS } Rittmeister
EIN WACHTMEISTER

Offiziere. Korporale und Reuter. Hofkavaliere. Hofdamen.
Pagen. Heiducken. Bedienten.
Volk jeden Alters und Geschlechts.

ERSTER AKT

Szene: Fehrbellin. Ein Garten im altfranzösischen Stil.
Im Hintergrunde ein Schloss, von welchem eine Rampe
herabführt. Es ist Nacht.

ERSTER AUFTRITT

Der Prinz von Homburg sitzt mit bloßem Haupt und offner Brust, halb wachend, halb schlafend, unter einer Eiche und windet sich einen Kranz. – Der Kurfürst, seine Gemahlin, Prinzessin Natalie, der Graf von Hohenzollern, Rittmeister Golz und andere treten heimlich aus dem Schloss, und schauen vom Geländer der Rampe auf ihn nieder. – Pagen mit Fackeln.

DER GRAF VON HOHENZOLLERN.
Der Prinz von Homburg, unser tapfrer Vetter,
Der, an der Reuter Spitze, seit drei Tagen
Den flücht'gen Schweden munter nachgesetzt
Und sich erst heute wieder, atemlos,
Im Hauptquartier zu Fehrbellin gezeigt:
Befehl ward ihm von dir, hier länger nicht,
Als nur drei Füttrungsstunden zu verweilen,
Und gleich dem Wrangel wiederum entgegen,
Der sich am Rhyn versucht hat einzuschanzen,
Bis an die Hackelberge vorzurücken?
DER KURFÜRST. So ist's!
HOHENZOLLERN. Die Chefs nun sämtlicher Schwadronen,
Zum Aufbruch aus der Stadt, dem Plan gemäß,
Glock zehn zu Nacht, gemessen instruiert,
Wirft er erschöpft, gleich einem Jagdhund lechzend,
Sich auf das Stroh, um für die Schlacht, die uns
Bevor beim Strahl des Morgens steht, ein wenig
Die Glieder, die erschöpften, auszuruhn.
DER KURFÜRST. So hört' ich! – Nun?
HOHENZOLLERN. Da nun die Stunde schlägt,
Und aufgesessen schon die ganze Reuterei
Den Acker vor dem Tor zerstampft,
Fehlt – wer? der Prinz von Homburg noch, ihr Führer.
Mit Fackeln wird und Lichtern und Laternen
Der Held gesucht – und aufgefunden, wo?
(Er nimmt einem Pagen die Fackel aus der Hand.)

Als ein Nachtwandler, schau, auf jener Bank,
Wohin, im Schlaf, wie du nie glauben wolltest,
Der Mondschein ihn gelockt, beschäftiget,
Sich träumend, seiner eignen Nachwelt gleich,
Den prächt'gen Kranz des Ruhmes einzuwinden.
DER KURFÜRST. Was!
HOHENZOLLERN. In der Tat! Schau hier herab: da sitzt er!
(Er leuchtet von der Rampe auf ihn nieder.)
DER KURFÜRST. Im Schlaf versenkt? Unmöglich!
HOHENZOLLERN. Fest im Schlafe!
Ruf ihn bei Namen auf, so fällt er nieder. *(Pause.)*
DIE KURFÜRSTIN. Der junge Mann ist krank, so wahr ich lebe.
PRINZESSIN NATALIE. Er braucht des Arztes –!
DIE KURFÜRSTIN. Man sollt ihm helfen, dünkt mich,
Nicht den Moment verbringen, sein zu spotten!
HOHENZOLLERN *(indem er die Fackel wieder weggibt).*
Er ist gesund, ihr mitleidsvollen Frauen,
Bei Gott, ich bin's nicht mehr! Der Schwede morgen,
Wenn wir im Feld ihn treffen, wird's empfinden!
Es ist nichts weiter, glaubt mir auf mein Wort,
Als eine bloße Unart seines Geistes.
DER KURFÜRST.
Fürwahr! Ein Märchen glaubt' ich's! – Folgt mir, Freunde,
Und lasst uns näher ihn einmal betrachten.
(Sie steigen von der Rampe herab.)
EIN HOFKAVALIER *(zu den Pagen).*
Zurück die Fackeln!
HOHENZOLLERN. Lasst sie, lasst sie, Freunde!
Der ganze Flecken könnt in Feuer aufgehn,
Dass sein Gemüt davon nicht mehr empfände,
Als der Demant, den er am Finger trägt.
(Sie umringen ihn; die Pagen leuchten.)
DER KURFÜRST *(über ihn gebeugt).*
Was für ein Laub denn flicht er? – Laub der Weide?
HOHENZOLLERN.
Was? Laub der Weid, o Herr! – Der Lorbeer ist,
Wie er's gesehn hat, an der Helden Bildern,
Die zu Berlin im Rüstsaal aufgehängt.
DER KURFÜRST. – Wo fand er den in meinem märk'schen Sand?
HOHENZOLLERN. Das mögen die gerechten Götter wissen!
DER HOFKAVALIER.
Vielleicht im Garten hinten, wo der Gärtner
Mehr noch der fremden Pflanzen auferzieht.

DER KURFÜRST.
Seltsam, beim Himmel! Doch, was gilt's? Ich weiß,
Was dieses jungen Toren Brust bewegt?
HOHENZOLLERN.
O – was! Die Schlacht von morgen, mein Gebieter!
Sterngucker sieht er, wett ich, schon im Geist,
Aus Sonnen einen Siegeskranz ihm winden.
(Der Prinz besieht den Kranz.)
DER HOFKAVALIER. Jetzt ist er fertig!
HOHENZOLLERN. Schade, ewig schade,
Dass hier kein Spiegel in der Nähe ist!
Er würd ihm eitel, wie ein Mädchen, nahn,
Und sich den Kranz bald so, und wieder so,
Wie eine florne Haube aufprobieren.
DER KURFÜRST.
Bei Gott! ich muss doch sehn, wie weit er's treibt!
(Der Kurfürst nimmt ihm den Kranz aus der Hand; der Prinz errötet und sieht ihn an. Der Kurfürst schlingt seine Halskette um den Kranz und gibt ihn der Prinzessin; der Prinz steht lebhaft auf. Der Kurfürst weicht mit der Prinzessin, welche den Kranz erhebt, zurück; der Prinz, mit ausgestreckten Armen, folgt ihr.)
DER PRINZ VON HOMBURG *(flüsternd).*
Natalie! Mein Mädchen! Meine Braut!
DER KURFÜRST. Geschwind! Hinweg!
HOHENZOLLERN. Was sagt der Tor?
DER HOFKAVALIER. Was sprach er?
(Sie besteigen sämtlich die Rampe.)
DER PRINZ VON HOMBURG.
Friedrich! Mein Fürst! Mein Vater!
HOHENZOLLERN. Höll und Teufel!
DER KURFÜRST *(rückwärts ausweichend).*
Öffn' mir die Pforte nur!
DER PRINZ VON HOMBURG. O meine Mutter!
HOHENZOLLERN. Der Rasende! Er ist –
DIE KURFÜRSTIN. Wen nennt er so?
DER PRINZ VON HOMBURG *(nach dem Kranz greifend).*
Oh! Liebste! Was entweichst du mir? Natalie!
(Er erhascht einen Handschuh von der Prinzessin Hand.)
HOHENZOLLERN. Himmel und Erde! Was ergriff er da?
DER HOFKAVALIER. Den Kranz?
PRINZESSIN NATALIE. Nein, nein!
HOHENZOLLERN *(öffnet die Tür).*
Hier rasch herein, mein Fürst!

Auf dass das ganze Bild ihm wieder schwinde.

DER KURFÜRST.
Ins Nichts mit dir zurück, Herr Prinz von Homburg,
Ins Nichts, ins Nichts! In dem Gefild der Schlacht
Sehn wir, wenn's dir gefällig ist, uns wieder!
Im Traum erringt man solche Dinge nicht!
(Alle ab; die Tür fliegt rasselnd vor dem Prinzen zu. Pause.)

ZWEITER AUFTRITT

Der Prinz von Homburg bleibt einen Augenblick, mit dem Ausdruck der Verwunderung, vor der Tür stehen; steigt dann sinnend, die Hand, in welcher er den Handschuh hält, vor die Stirn gelegt, von der Rampe herab; kehrt sich, sobald er unten ist, um, und sieht wieder nach der Tür hinauf.

DRITTER AUFTRITT

Der Graf von Hohenzollern tritt von unten, durch eine Gartentür, auf. Ihm folgt ein Page. – Der Prinz von Homburg.

DER PAGE *(leise).*
Herr Graf, so hört doch! Gnädigster Herr Graf!

HOHENZOLLERN *(unwillig).*
Still! die Zikade! – Nun? Was gibt's?

PAGE. Mich schickt –

HOHENZOLLERN.
Weck ihn mit deinem Zirpen mir nicht auf!
– Wohlan! Was gibt's?

PAGE. Der Kurfürst schickt mich her.
Dem Prinzen möchtet Ihr, wenn er erwacht,
Kein Wort, befiehlt er, von dem Scherz entdecken,
Den er sich eben jetzt mit ihm erlaubt'!

HOHENZOLLERN *(leise).*
Ei, so leg dich im Weizenfeld aufs Ohr,
Und schlaf dich aus! Das wusst' ich schon! Hinweg!
(Der Page ab.)

VIERTER AUFTRITT

Der Graf von Hohenzollern und
der Prinz von Homburg.

HOHENZOLLERN *(indem er sich in einiger Entfernung hinter dem Prinzen stellt, der noch immer unverwandt die Rampe hinaufsieht).*
Arthur!
(Der Prinz fällt um.)
Da liegt er; eine Kugel trifft nicht besser!
(Er nähert sich ihm.)
Nun bin ich auf die Fabel nur begierig,
Die er ersinnen wird, mir zu erklären,
Warum er hier sich schlafen hat gelegt.
(Er beugt sich über ihn.)
Arthur! He! Bist des Teufels du? Was machst du?
Wie kommst du hier zu Nacht auf diesen Platz?
DER PRINZ VON HOMBURG.
Je Lieber!
HOHENZOLLERN. Nun fürwahr, das muss ich sagen!
Die Reuterei ist, die du kommandierst,
Auf eine Stunde schon im Marsch voraus,
Und du, du liegst im Garten hier, und schläfst.
DER PRINZ VON HOMBURG.
Welch eine Reuterei?
HOHENZOLLERN. Die Mamelucken! –
So wahr ich Leben atm', er weiß nicht mehr,
Dass er der märk'schen Reuter Oberst ist?!
DER PRINZ VON HOMBURG *(steht auf).*
Rasch! Meinen Helm! Die Rüstung!
HOHENZOLLERN. Ja, wo sind sie?
DER PRINZ VON HOMBURG.
Zur Rechten, Heinz, zur Rechten; auf dem Schemel!
HOHENZOLLERN. Wo? Auf dem Schemel?
DER PRINZ VON HOMBURG. Ja, da legt' ich, mein ich –!
HOHENZOLLERN *(sieht ihn an).*
So nimm sie wieder von dem Schemel weg!
DER PRINZ VON HOMBURG.
– Was ist dies für ein Handschuh?
(Er betrachtet den Handschuh, den er in der Hand hält.)
HOHENZOLLERN. Ja, was weiß ich –?
(Für sich.)

Verwünscht! Den hat er der Prinzessin Nichte,
Dort oben, unbemerkt vom Arm gerissen!
(Abbrechend.)
Nun, rasch! Hinweg! Was säumst du? Fort!
DER PRINZ VON HOMBURG *(wirft den Handschuh wieder weg).* Gleich! gleich! –
He, Franz! der Schurke, der mich wecken sollte!
HOHENZOLLERN *(betrachtet ihn).* Er ist ganz rasend toll!
DER PRINZ VON HOMBURG. Bei meinem Eid!
Ich weiß nicht, liebster Heinrich, wo ich bin.
HOHENZOLLERN. In Fehrbellin, du sinnverwirrter Träumer;
In einem von des Gartens Seitengängen,
Der ausgebreitet hinterm Schlosse liegt!
DER PRINZ VON HOMBURG *(für sich).*
Dass mich die Nacht verschläng! Mir unbewusst
Im Mondschein bin ich wieder umgewandelt!
(Er fasst sich.)
Vergib! Ich weiß nun schon. Es war, du weißt, vor Hitze,
Im Bette gestern fast nicht auszuhalten.
Ich schlich erschöpft in diesen Garten mich,
Und weil die Nacht so lieblich mich umfing,
Mit blondem Haar, von Wohlgeruch ganz triefend –
Ach! wie den Bräut'gam eine Perser-Braut,
So legt' ich hier in ihren Schoß mich nieder.
– Was ist die Glocke jetzo?
HOHENZOLLERN. Halb auf Zwölf.
DER PRINZ VON HOMBURG.
Und die Schwadronen, sagst du, brachen auf?
HOHENZOLLERN.
Versteht sich, ja! Glock zehn; dem Plan gemäß!
Das Regiment Prinzessin von Oranien
Hat, wie kein Zweifel ist, an ihrer Spitze
Bereits die Höh'n von Hackelwitz erreicht,
Wo sie des Heeres stillen Aufmarsch morgen,
Dem Wrangel gegenüber, decken sollen.
DER PRINZ VON HOMBURG.
Es ist gleichviel! Der alte Kottwitz führt sie,
Der jede Absicht dieses Marsches kennt.
Zudem hätt ich zurück ins Hauptquartier
Um zwei Uhr morgens wiederkehren müssen,
Weil hier Parol noch soll empfangen werden:
So blieb ich besser gleich im Ort zurück.
Komm; lass uns gehn! Der Kurfürst weiß von nichts?

HOHENZOLLERN.
Ei was! Der liegt im Bette längst und schläft.
(Sie wollen gehen; der Prinz stutzt, kehrt sich um, und nimmt den Handschuh auf.)
DER PRINZ VON HOMBURG.
Welch einen sonderbaren Traum träumt' ich?! –
Mir war, als ob, von Gold und Silber strahlend,
Ein Königsschloss sich plötzlich öffnete,
Und, hoch von seiner Marmorramp herab,
Der ganze Reigen zu mir niederstiege,
Der Menschen, die mein Busen liebt:
Der Kurfürst und die Fürstin und die – dritte,
– Wie heißt sie schon?
HOHENZOLLERN. Wer?
DER PRINZ VON HOMBURG *(scheint zu suchen)*.
Jene – die ich meine!
Ein Stummgeborner würd sie nennen können!
HOHENZOLLERN. Die Platen?
DER PRINZ VON HOMBURG. Nicht doch, Lieber!
HOHENZOLLERN. Die Ramin?
DER PRINZ VON HOMBURG.
Nicht, nicht doch, Freund!
HOHENZOLLERN. Die Bork? die Winterfeld?
DER PRINZ VON HOMBURG.
Nicht, nicht; ich bitte dich! Du siehst die Perle
Nicht vor dem Ring, der sie in Fassung hält.
HOHENZOLLERN.
Zum Henker, sprich! Lässt das Gesicht sich raten?
– Welch eine Dame meinst du?
DER PRINZ VON HOMBURG. Gleichviel! Gleichviel!
Der Nam ist mir, seit ich erwacht, entfallen
Und gilt zu dem Verständnis hier gleichviel.
HOHENZOLLERN. Gut! So sprich weiter!
DER PRINZ VON HOMBURG. Aber stör mich nicht!
– Und er, der Kurfürst, mit der Stirn des Zeus,
Hielt einen Kranz von Lorbeern in der Hand:
Er stellt sich dicht mir vor das Antlitz hin,
Und schlägt, mir ganz die Seele zu entzünden,
Den Schmuck darum, der ihm vom Nacken hängt,
Und reicht ihn, auf die Locken mir zu drücken –
O Lieber!
HOHENZOLLERN. Wem?
DER PRINZ VON HOMBURG. O Lieber!

HOHENZOLLERN. Nun, so sprich!
DER PRINZ VON HOMBURG.
Es wird die Platen wohl gewesen sein.
HOHENZOLLERN.
Die Platen? Was! – Die jetzt in Preußen ist?
DER PRINZ VON HOMBURG.
Die Platen. Wirklich. Oder die Ramin.
HOHENZOLLERN.
Ach, die Ramin! Was! Die, mit roten Haaren! –
Die Platen mit den schelm'schen Veilchen-Augen!
Die, weiß man, die gefällt dir.
DER PRINZ VON HOMBURG. Die gefällt mir. –
HOHENZOLLERN.
Nun, und die, sagst du, reichte dir den Kranz?
DER PRINZ VON HOMBURG.
Hoch auf, gleich einem Genius des Ruhms,
Hebt sie den Kranz, an dem die Kette schwankte,
Als ob sie einen Helden krönen wollte.
Ich streck, in unaussprechlicher Bewegung,
Die Hände streck ich aus, ihn zu ergreifen:
Zu Füßen will ich vor ihr niedersinken,
Doch, wie der Duft, der über Täler schwebt,
Vor eines Windes frischem Hauch zerstiebt,
Weicht mir die Schar, die Ramp ersteigend, aus.
Die Rampe dehnt sich, da ich sie betrete,
Endlos, bis an das Tor des Himmels aus,
Ich greife rechts, ich greife links umher,
Der Teuren einen ängstlich zu erhaschen.
Umsonst! Des Schlosses Tor geht plötzlich auf;
Ein Blitz, der aus dem Innern zuckt, verschlingt sie,
Das Tor fügt rasselnd wieder sich zusammen:
Nur einen Handschuh, heftig, im Verfolgen,
Streif ich der süßen Traumgestalt vom Arm:
Und einen Handschuh, ihr allmächt'gen Götter,
Da ich erwache, halt ich in der Hand!
HOHENZOLLERN.
Bei meinem Eid! – Und nun meinst du, der Handschuh,
Der sei der ihre?
DER PRINZ VON HOMBURG. Wessen?
HOHENZOLLERN. Nun, der Platen!
DER PRINZ VON HOMBURG.
Der Platen. Wirklich. Oder der Ramin. –
HOHENZOLLERN *(lacht)*.

Schelm, der du bist, mit deinen Visionen!
Wer weiß, von welcher Schäferstunde, traun,
Mit Fleisch und Bein hier wachend zugebracht,
Dir noch der Handschuh in den Händen klebt!
DER PRINZ VON HOMBURG.
Was! Mir? Bei meiner Liebe –!
HOHENZOLLERN. Ei so, zum Henker,
Was kümmert's mich? Meinthalben sei's die Platen,
Sei's die Ramin! Am Sonntag geht die Post nach Preußen,
Da kannst du auf dem kürz'sten Weg erfahren,
Ob deiner Schönen dieser Handschuh fehlt. –
Fort! Es ist zwölf. Was stehn wir hier und plaudern?
DER PRINZ VON HOMBURG *(träumt vor sich nieder)*.
– Da hast du Recht. Lass uns zu Bette gehn!
Doch, was ich sagen wollte, Lieber,
Ist die Kurfürstin noch und ihre Nichte hier,
Die liebliche Prinzessin von Oranien,
Die jüngst in unser Lager eingetroffen?
HOHENZOLLERN. Warum? – Ich glaube gar, der Tor –?
DER PRINZ VON HOMBURG. Warum? –
Ich sollte, weißt du, dreißig Reuter stellen,
Sie wieder von dem Kriegsplatz wegzuschaffen;
Ramin hab ich deshalb beordern müssen.
HOHENZOLLERN.
Ei was! Die sind längst fort! Fort, oder reisen gleich!
Ramin, zum Aufbruch völlig fertig, stand
Die ganze Nacht durch mind'stens am Portal.
Doch fort! Zwölf ist's; und eh die Schlacht beginnt,
Wünsch ich mich noch ein wenig auszuruhn.
(Beide ab.)

Szene: Ebendaselbst. Saal im Schloss. Man hört in der Ferne schießen.

FÜNFTER AUFTRITT

Die Kurfürstin und die Prinzessin Natalie in Reisekleidern, geführt von einem Hofkavalier, treten auf und lassen sich zur Seite nieder; Hofdamen. Hierauf der Kurfürst, Feldmarschall Dörfling, der Prinz von Homburg, den Handschuh im Kollett, der Graf von Hohenzollern, Graf Truchß, Obrist Hennings, Rittmeister von der Golz und mehrere andere Generale, Obersten und Offiziere.

DER KURFÜRST.
Was ist dies für ein Schießen? – Ist das Götz?
FELDMARSCHALL DÖRFLING.
Das ist der Oberst Götz, mein Fürst und Herr,
Der mit dem Vortrab gestern vorgegangen.
Er hat schon einen Offizier gesandt,
Der im Voraus darüber dich beruh'ge.
Ein schwed'scher Posten ist, von tausend Mann,
Bis auf die Hackelberge vorgerückt;
Doch haftet Götz für diese Berge dir,
Und sagt mir an, du möchtest nur verfahren,
Als hätte sie sein Vortrab schon besetzt.
DER KURFÜRST *(zu den Offizieren).*
Ihr Herrn, der Marschall kennt den Schlachtentwurf;
Nehmt euren Stift, bitt ich, und schreibt ihn auf.
(Die Offiziere versammeln sich auf der andern Seite um den Feldmarschall und nehmen ihre Schreibtafeln heraus.)
DER KURFÜRST *(wendet sich zu dem Hofkavalier).*
Ramin ist mit dem Wagen vorgefahren?
DER HOFKAVALIER.
Im Augenblick, mein Fürst. – Man spannt schon an.
DER KURFÜRST *(lässt sich auf einen Stuhl hinter der Kurfürstin und Prinzessin nieder).*
Ramin wird meine teur' Elisa führen,
Und dreißig rüst'ge Reuter folgen ihm.
Ihr geht auf Kalkhuhns, meines Kanzlers, Schloss,
Bei Havelberg, jenseits des Havelstroms,
Wo sich kein Schwede mehr erblicken lässt. –
DIE KURFÜRSTIN. Hat man die Fähre wiederhergestellt?
DER KURFÜRST. Bei Havelberg? – Die Anstalt ist getroffen.

Zudem ist's Tag, bevor ihr sie erreicht.
(Pause.)
Natalie ist so still, mein süßes Mädchen?
– Was fehlt dem Kind?

PRINZESSIN NATALIE. Mich schauert, lieber Onkel.

DER KURFÜRST.
Und gleichwohl ist mein Töchterchen so sicher,
In ihrer Mutter Schoß war sie's nicht mehr.
(Pause.)

DIE KURFÜRSTIN.
Wann, denkst du, werden wir uns wieder sehen?

DER KURFÜRST.
Wenn Gott den Sieg mir schenkt, wie ich nicht zweifle,
Vielleicht im Laufe dieser Tage schon.
(Pagen kommen und servieren den Damen ein Frühstück. – Feldmarschall Dörfling diktiert. – Der Prinz von Homburg, Stift und Tafel in der Hand, fixiert die Damen.)

FELDMARSCHALL.
Der Plan der Schlacht, ihr Herren Obersten,
Den die Durchlaucht des Herrn ersann, bezweckt,
Der Schweden flücht'ges Heer, zu gänzlicher
Zersplittrung, von dem Brückenkopf zu trennen,
Der an dem Rhynfluss ihren Rücken deckt.
Der Oberst Hennings –!

OBERST HENNINGS. Hier! *(Er schreibt.)*

FELDMARSCHALL. Der, nach des Herren Willen, heut
Des Heeres rechten Flügel kommandiert,
Soll, durch den Grund der Hackelbüsche, still
Des Feindes linken zu umgehen suchen,
Sich mutig zwischen ihn und die drei Brücken werfen,
Und mit dem Grafen Truchß vereint –
Graf Truchß!

GRAF TRUCHSS. Hier! *(Er schreibt.)*

FELDMARSCHALL. Und mit dem Grafen Truchß vereint –
(Er hält inne.)
Der auf den Höh'n indes, dem Wrangel gegenüber,
Mit den Kanonen Posten hat gefasst –

GRAF TRUCHSS *(schreibt).*
Kanonen Posten hat gefasst –

FELDMARSCHALL. Habt Ihr?
(Er fährt fort.)
Die Schweden in den Sumpf zu jagen suchen,
Der hinter ihrem rechten Flügel liegt.

EIN HEIDUCK *(tritt auf).*
Der Wagen, gnäd'ge Frau, ist vorgefahren.
(Die Damen stehen auf.)
FELDMARSCHALL. Der Prinz von Homburg –
DER KURFÜRST *(erhebt sich gleichfalls).* – Ist Ramin bereit?
DER HEIDUCK. Er harrt zu Pferd schon unten am Portal.
(Die Herrschaften nehmen Abschied voneinander.)
GRAF TRUCHSS *(schreibt).* Der hinter ihrem rechten Flügel liegt.
FELDMARSCHALL. Der Prinz von Homburg –
Wo ist der Prinz von Homburg?
HOHENZOLLERN *(heimlich).* Arthur!
DER PRINZ VON HOMBURG *(fährt zusammen).* Hier!
HOHENZOLLERN. Bist du bei Sinnen?
DER PRINZ VON HOMBURG. Was befiehlt mein Marschall?
(Er errötet, stellt sich mit Stift und Pergament und schreibt.)
FELDMARSCHALL.
Dem die Durchlaucht des Fürsten wiederum
Die Führung ruhmvoll, wie bei Rathenow,
Der ganzen märk'schen Reuterei vertraut – *(Er hält inne.)*
Dem Obrist Kottwitz gleichwohl unbeschadet,
Der ihm mit seinem Rat zur Hand wird gehn –
(Halblaut zum Rittmeister Golz.)
Ist Kottwitz hier?
RITTMEISTER VON DER GOLZ.
Nein, mein General, du siehst,
Mich hat er abgeschickt, an seiner statt
Aus deinem Mund den Kriegsbefehl zu hören.
(Der Prinz sieht wieder nach den Damen hinüber.)
FELDMARSCHALL *(fährt fort).*
Stellt auf der Ebne sich beim Dorfe Hackelwitz,
Des Feindes rechtem Flügel gegenüber,
Fern außer dem Kanonenschusse auf.
RITTMEISTER VON DER GOLZ *(schreibt).*
Fern außer dem Kanonenschusse auf.
(Die Kurfürstin bindet der Prinzessin ein Tuch um den Hals. Die Prinzessin, indem sie sich die Handschuh' anziehen will, sieht sich um, als ob sie etwas suchte.)
DER KURFÜRST *(tritt zu ihr).*
Mein Töchterchen, was fehlt dir –?
DIE KURFÜRSTIN. Suchst du etwas?
PRINZESSIN NATALIE.
Ich weiß nicht, liebe Tante, meinen Handschuh –
(Sie sehen sich alle um.)

DER KURFÜRST *(zu den Hofdamen).*
Ihr Schönen! Wollt ihr gütig euch bemühn?
DIE KURFÜRSTIN *(zur Prinzessin).*
Du hältst ihn, Kind.
NATALIE. Den rechten; doch den linken?
DER KURFÜRST.
Vielleicht, dass er im Schlafgemach geblieben?
PRINZESSIN NATALIE. O liebe Bork!
DER KURFÜRST *(zu diesem Fräulein).* Rasch, rasch!
PRINZESSIN NATALIE. Auf dem Kamin!
(Die Hofdame ab.)
DER PRINZ VON HOMBURG *(für sich).*
Herr meines Lebens! Hab ich recht gehört?
(Er nimmt den Handschuh aus dem Kollett.)
FELDMARSCHALL *(sieht in ein Papier, das er in der Hand hält).*
Fern außer dem Kanonenschusse auf. – *(Er fährt fort.)*
Des Prinzen Durchlaucht wird –
DER PRINZ VON HOMBURG. Den Handschuh sucht sie –!
(Er sieht bald den Handschuh, bald die Prinzessin an.)
FELDMARSCHALL.
Nach unsers Herrn ausdrücklichem Befehl –
RITTMEISTER VON DER GOLZ *(schreibt).*
Nach unsers Herrn ausdrücklichem Befehl –
FELDMARSCHALL.
Wie immer auch die Schlacht sich wenden mag,
Vom Platz nicht, der ihm angewiesen, weichen –
DER PRINZ VON HOMBURG.
– Rasch, dass ich jetzt erprüfe, ob er's ist!
(Er lässt, zugleich mit seinem Schnupftuch, den Handschuh fallen; das Schnupftuch hebt er wieder auf, den Handschuh lässt er so, dass ihn jedermann sehen kann, liegen.)
FELDMARSCHALL *(befremdet).*
Was macht des Prinzen Durchlaucht?
HOHENZOLLERN *(heimlich).* Arthur!
DER PRINZ VON HOMBURG. Hier!
HOHENZOLLERN. Ich glaub,
Du bist des Teufels?!
DER PRINZ VON HOMBURG. Was befiehlt mein Marschall?
(Er nimmt wieder Stift und Tafel zur Hand. Der Feldmarschall sieht ihn einen Augenblick fragend an. – Pause.)
RITTMEISTER VON DER GOLZ *(nachdem er geschrieben).*
Vom Platz nicht, der ihm angewiesen, weichen –

FELDMARSCHALL *(fährt fort).*
Als bis, gedrängt von Hennings und von Truchß –
DER PRINZ VON HOMBURG *(zum Rittmeister Golz, indem er in seine Schreibtafel sieht).*
Wer? Lieber Golz! Was? Ich?
RITTMEISTER VON DER GOLZ. Ihr, ja! Wer sonst?
DER PRINZ VON HOMBURG.
Vom Platz nicht soll ich –
RITTMEISTER VON DER GOLZ. Freilich!
FELDMARSCHALL. Nun? Habt Ihr?
DER PRINZ VON HOMBURG *(laut).*
Vom Platz nicht, der mir angewiesen, weichen –
(Er schreibt.)
FELDMARSCHALL.
Als bis, gedrängt von Hennings und von Truchß –
(Er hält inne.)
Des Feindes linker Flügel, aufgelöst,
Auf seinen rechten stürzt, und alle seine
Schlachthaufen wankend nach der Trift sich drängen,
In deren Sümpfen, oft durchkreuzt von Gräben,
Der Kriegsplan eben ist, ihn aufzureiben.
DER KURFÜRST.
Ihr Pagen, leuchtet! – Euren Arm, ihr Lieben!
(Er bricht mit der Kurfürstin und der Prinzessin auf.)
FELDMARSCHALL. Dann wird er die Fanfare blasen lassen.
DIE KURFÜRSTIN *(da einige Offiziere sie komplimentieren).*
Auf Wiedersehn, ihr Herrn! Lasst uns nicht stören.
(Der Feldmarschall komplimentiert sie auch.)
DER KURFÜRST *(steht plötzlich still).*
Sieh da! Des Fräuleins Handschuh! Rasch! Dort liegt er!
EIN HOFKAVALIER. Wo?
DER KURFÜRST. Zu des Prinzen, unsers Vetters, Füßen!
DER PRINZ VON HOMBURG *(ritterlich).*
Zu meinen –? Was! Ist das der Eurige?
(Er hebt ihn auf und bringt ihn der Prinzessin.)
PRINZESSIN NATALIE. Ich dank Euch, edler Prinz.
DER PRINZ VON HOMBURG *(verwirrt).* Ist das der Eure?
PRINZESSIN NATALIE.
Der meinige; der, welchen ich vermisst'.
(Sie empfängt ihn und zieht ihn an.)
DIE KURFÜRSTIN *(zu dem Prinzen, im Abgehen).*
Lebt wohl! Lebt wohl! Viel Glück und Heil und Segen!
Macht, dass wir bald und froh uns wieder sehn!

(Der Kurfürst mit den Frauen ab. Hofdamen, Kavaliere und Pagen folgen.)

DER PRINZ VON HOMBURG *(steht einen Augenblick, wie vom Blitz getroffen, da; dann wendet er sich mit triumphierenden Schritten wieder in den Kreis der Offiziere zurück.)*
Dann wird er die Fanfare blasen lassen!
(Er tut, als ob er schriebe.)

FELDMARSCHALL *(sieht in sein Papier).*
Dann wird er die Fanfare blasen lassen. –
Doch wird des Fürsten Durchlaucht ihm, damit,
Durch Missverstand, der Schlag zu früh nicht falle –
(Er hält inne.)

RITTMEISTER VON DER GOLZ *(schreibt).*
Durch Missverstand, der Schlag zu früh nicht falle –

DER PRINZ VON HOMBURG *(zum Grafen Hohenzollern, in großer Bewegung).*
O Heinrich!

HOHENZOLLERN *(unwillig).*
Nun! Was gibt's? Was hast du vor?

DER PRINZ VON HOMBURG. Was! Sahst du nichts?

HOHENZOLLERN. Nein, nichts! Sei still, zum Henker!

FELDMARSCHALL *(fährt fort).*
Ihm einen Offizier, aus seiner Suite, senden,
Der den Befehl, das merkt, ausdrücklich noch
Zum Angriff auf den Feind ihm überbringe.
Eh wird er nicht Fanfare blasen lassen.
(Der Prinz steht und träumt vor sich nieder.)
– Habt Ihr?

RITTMEISTER VON DER GOLZ *(schreibt).*
Eh wird er nicht Fanfare blasen lassen.

FELDMARSCHALL *(mit erhöhter Stimme).*
Des Prinzen Durchlaucht, habt Ihr?

DER PRINZ VON HOMBURG. Mein Feldmarschall?

FELDMARSCHALL. Ob Ihr geschrieben habt?

DER PRINZ VON HOMBURG. – Von der Fanfare?

HOHENZOLLERN *(heimlich, unwillig, nachdrücklich).*
Fanfare! Sei verwünscht! Nicht eh, als bis der –

RITTMEISTER VON DER GOLZ *(ebenso).*
Als bis er selbst –

DER PRINZ VON HOMBURG *(unterbricht sie).*
Ja, allerdings! Eh nicht – –
Doch dann wird er Fanfare blasen lassen.
(Er schreibt. – Pause.)

FELDMARSCHALL.
Den Obrist Kottwitz, merkt das, Baron Golz,
Wünsch ich, wenn er es möglich machen kann,
Noch vor Beginn des Treffens selbst zu sprechen.
RITTMEISTER VON DER GOLZ *(mit Bedeutung).*
Bestellen werd ich es. Verlass dich drauf.
(Pause.)
DER KURFÜRST *(kommt zurück).*
Nun, mein General und Obersten,
Der Morgenstrahl ergraut! – Habt ihr geschrieben?
FELDMARSCHALL.
Es ist vollbracht, mein Fürst; dein Kriegsplan ist
An deine Feldherrn pünktlich ausgeteilt!
DER KURFÜRST *(indem er Hut und Handschuh nimmt).*
Herr Prinz von Homburg, dir empfehl ich Ruhe!
Du hast am Ufer, weißt du, mir des Rheins
Zwei Siege jüngst verscherzt; regier dich wohl,
Und lass mich heut den dritten nicht entbehren,
Der mindres nicht, als Thron und Reich, mir gilt!
(Zu den Offizieren.)
Folgt mir! – He, Franz!
EIN REITKNECHT *(tritt auf).* Hier!
DER KURFÜRST. Rasch! Den Schimmel vor!
– Noch vor der Sonn im Schlachtfeld will ich sein!
(Ab, die Generale, Obersten und Offiziere folgen ihm.)

SECHSTER AUFTRITT

DER PRINZ VON HOMBURG *(in den Vordergrund tretend).*
Nun denn, auf deiner Kugel, Ungeheures,
Du, der der Windeshauch den Schleier heut,
Gleich einem Segel, lüftet, roll heran!
Du hast mir, Glück, die Locken schon gestreift:
Ein Pfand schon warfst du, im Vorüberschweben,
Aus deinem Füllhorn lächelnd mir herab:
Heut, Kind der Götter, such ich, Flüchtiges,
Ich hasche dich im Feld der Schlacht und stürze
Ganz deinen Segen mir zu Füßen um:
Wärst du auch siebenfach, mit Eisenketten,
Am schwed'schen Siegeswagen festgebunden! *(Ab.)*

ZWEITER AKT

Szene: Schlachtfeld bei Fehrbellin.

ERSTER AUFTRITT

Obrist Kottwitz, Graf Hohenzollern, Rittmeister von der Golz, und andere Offiziere, an der Spitze der Reuterei, treten auf.

OBRIST KOTTWITZ *(außerhalb der Szene).*
Halt hier die Reuterei, und abgesessen!
HOHENZOLLERN und GOLZ *(treten auf).* Halt! – Halt!
OBRIST KOTTWITZ. Wer hilft vom Pferde mir, ihr Freunde?
HOHENZOLLERN und GOLZ.
Hier, Alter, hier!
(Sie treten wieder zurück.)
OBRIST KOTTWITZ *(außerhalb).*
Habt Dank! – Ouf! Dass die Pest mich!
– Ein edler Sohn, für euren Dienst, jedwedem,
Der euch, wenn ihr zerfallt, ein Gleiches tut!
(Er tritt auf; Hohenzollern, Golz und andere, hinter ihm.)
Ja, auf dem Ross fühl ich voll Jugend mich;
Doch sitz ich ab, da hebt ein Strauß sich an,
Als ob sich Leib und Seele kämpfend trennten!
(Er sieht sich um.)
Wo ist des Prinzen, unsers Führers, Durchlaucht?
HOHENZOLLERN. Der Prinz kehrt gleich zu dir zurück.
OBRIST KOTTWITZ. Wo ist er?
HOHENZOLLERN.
Er ritt ins Dorf, das dir, versteckt in Büschen,
Zur Seite blieb. Er wird gleich wiederkommen.
EIN OFFIZIER. Zur Nachtzeit, hör ich, fiel er mit dem Pferd?
HOHENZOLLERN. Ich glaube, ja!
OBRIST KOTTWITZ. Er fiel?
HOHENZOLLERN *(wendet sich).* Nichts von Bedeutung!
Sein Rappe scheute an der Mühle sich,
Jedoch, leichthin zur Seite niedergleitend,
Tat er auch nicht den mind'sten Schaden sich.
Es ist den Odem keiner Sorge wert.
OBRIST KOTTWITZ *(auf einen Hügel tretend).*
Ein schöner Tag, so wahr ich Leben atme!
Ein Tag, von Gott, dem hohen Herrn der Welt,

Gemacht zu süßerm Ding, als sich zu schlagen!
Die Sonne schimmert rötlich durch die Wolken,
Und die Gefühle flattern, mit der Lerche,
Zum heitern Duft des Himmels jubelnd auf!
GOLZ. Hast du den Marschall Dörfling aufgefunden?
OBRIST KOTTWITZ *(kommt vorwärts).*
Zum Henker, nein! Was denkt die Exzellenz?
Bin ich ein Pfeil, ein Vogel, ein Gedanke,
Dass er mich durch das ganze Schlachtfeld sprengt?
Ich war beim Vortrab, auf den Hackelhöh'n,
Und in dem Hackelgrund, beim Hintertrab:
Doch wen ich nicht gefunden, war der Marschall!
Drauf meine Reuter sucht' ich wieder auf.
GOLZ. Das wird sehr Leid ihm tun. Es schien, er hatte
Dir von Belang noch etwas zu vertraun.
EIN OFFIZIER.
Da kommt des Prinzen, unsers Führers, Durchlaucht!

ZWEITER AUFTRITT

Der Prinz von Homburg mit einem schwarzen Band um die linke Hand. Die Vorigen.

OBRIST KOTTWITZ. Sei mir gegrüßt, mein junger edler Prinz!
Schau her, wie, während du im Dörfchen warst,
Die Reuter ich im Talweg aufgestellt:
Ich denk, du wirst mit mir zufrieden sein!
DER PRINZ VON HOMBURG.
Guten Morgen, Kottwitz! – Guten Morgen, Freunde!
– Du weißt, ich lobe alles, was du tust.
HOHENZOLLERN.
Was machtest, Arthur, in dem Dörfchen du?
– Du scheinst so ernst!
DER PRINZ VON HOMBURG. Ich – war in der Kapelle,
Die aus des Dörfchens stillen Büschen blinkte.
Man läutete, da wir vorüberzogen,
Zur Andacht eben ein, da trieb mich's an,
Am Altar auch mich betend hinzuwerfen.
OBRIST KOTTWITZ.
Ein frommer junger Herr, das muss ich sagen!
Das Werk, glaubt mir, das mit Gebet beginnt,
Das wird mit Heil und Ruhm und Sieg sich krönen!

DER PRINZ VON HOMBURG.
Was ich dir sagen wollte, Heinrich –
(Er führt den Grafen ein wenig vor.)
Was war's schon, was der Dörfling, mich betreffend,
Bei der Parol hat gestern vorgebracht?
HOHENZOLLERN.
– Du warst zerstreut. Ich hab es wohl gesehn.
DER PRINZ VON HOMBURG.
Zerstreut – geteilt; ich weiß nicht, was mir fehlte.
Diktieren in die Feder macht mich irr. –
HOHENZOLLERN.
– Zum Glück nicht diesmal eben viel für dich.
Der Truchß und Hennings, die das Fußvolk führen,
Die sind zum Angriff auf den Feind bestimmt,
Und dir ist aufgegeben, hier zu halten
Im Tal, schlagfertig mit der Reuterei.
Bis man zum Angriff den Befehl dir schickt.
DER PRINZ VON HOMBURG *(nach einer Pause, in der er vor sich niedergeträumt).*
– Ein wunderlicher Vorfall!
HOHENZOLLERN. Welcher, Lieber?
(Er sieht ihn an. – Ein Kanonenschuss fällt.)
OBRIST KOTTWITZ.
Holla, ihr Herrn, holla! Sitzt auf, sitzt auf!
Das ist der Hennings, und die Schlacht beginnt!
(Sie besteigen sämtlich einen Hügel.)
DER PRINZ VON HOMBURG.
Wer ist es? Was?
HOHENZOLLERN. Der Obrist Hennings, Arthur,
Der sich in Wrangels Rücken hat geschlichen!
Komm nur, dort kannst du alles überschaun.
GOLZ *(auf dem Hügel).*
Seht, wie er furchtbar sich am Rhyn entfaltet!
DER PRINZ VON HOMBURG *(hält sich die Hand vors Auge).*
– Der Hennings dort auf unserm rechten Flügel?
ERSTER OFFIZIER.
Ja, mein erlauchter Prinz.
DER PRINZ VON HOMBURG. Was auch, zum Henker!
Der stand ja gestern auf des Heeres linkem.
(Kanonenschüsse in der Ferne.)
OBRIST KOTTWITZ.
Blitzelement! Seht, aus zwölf Feuerschlünden
Wirkt jetzt der Wrangel auf den Hennings los!

ERSTER OFFIZIER.
Das nenn ich Schanzen das, die schwedischen!
ZWEITER OFFIZIER.
Bei Gott, getürmt, bis an die Kirchturmspitze
Des Dorfs, das hinter ihrem Rücken liegt!
(Schüsse in der Nähe.)
GOLZ. Das ist der Truchß!
DER PRINZ VON HOMBURG.
Der Truchß?
OBRIST KOTTWITZ. Der Truchß, er, ja;
Der Hennings jetzt von vorn zu Hülfe kommt.
DER PRINZ VON HOMBURG.
Wie kommt der Truchß heut in die Mitte?
(Heftige Kanonade.)
GOLZ. O Himmel, schaut, mich dünkt, das Dorf fing Feuer!
DRITTER OFFIZIER. Es brennt, so wahr ich leb!
ERSTER OFFIZIER. Es brennt! Es brennt!
Die Flamme zuckt schon an dem Turm empor!
GOLZ. Hui! Wie die Schwedenboten fliegen rechts und links!
ZWEITER OFFIZIER.
Sie brechen auf!
OBRIST KOTTWITZ. Wo?
ERSTER OFFIZIER. Auf dem rechten Flügel!
DRITTER OFFIZIER.
Freilich! In Zügen! Mit drei Regimentern!
Es scheint, den linken wollen sie verstärken.
ZWEITER OFFIZIER.
Bei meiner Treu! Und Reuterei rückt vor,
Den Marsch des rechten Flügels zu bedecken!
HOHENZOLLERN *(lacht)*.
Ha! Wie das Feld die wieder räumen wird,
Wenn sie versteckt uns hier im Tal erblickt!
(Musketenfeuer.)
OBRIST KOTTWITZ.
Schaut, Brüder, schaut!
ZWEITER OFFIZIER. Horcht!
ERSTER OFFIZIER. Feuer der Musketen!
DRITTER OFFIZIER.
Jetzt sind sie bei den Schanzen aneinander! –
GOLZ. Bei Gott! Solch einen Donner des Geschützes
Hab ich zeit meines Lebens nicht gehört!
HOHENZOLLERN.
Schießt! Schießt! Und macht den Schoß der Erde bersten!

Der Riss soll eurer Leichen Grabmal sein!
(Pause. – Ein Siegsgeschrei in der Ferne.)
ERSTER OFFIZIER. Herr, du, dort oben, der den Sieg verleiht:
Der Wrangel kehrt den Rücken schon!
HOHENZOLLERN. Nein, sprich!
GOLZ. Beim Himmel, Freunde! Auf dem linken Flügel!
Er räumt mit seinem Feldgeschütz die Schanzen.
ALLE. Triumph! Triumph! Triumph. Der Sieg ist unser!
DER PRINZ VON HOMBURG *(steigt vom Hügel herab).*
Auf, Kottwitz, folg mir!
OBRIST KOTTWITZ. Ruhig, ruhig, Kinder!
HOMBURG. Auf! Lass Fanfare blasen! Folge mir!
OBRIST KOTTWITZ. Ich sage: ruhig.
DER PRINZ VON HOMBURG *(wild).*
Himmel, Erd und Hölle!
OBRIST KOTTWITZ.
Des Herrn Durchlaucht, bei der Parole gestern,
Befahl, dass wir auf Ordre warten sollen.
Golz, lies dem Herren die Parole vor.
DER PRINZ VON HOMBURG.
Auf Ordr'! Ei, Kottwitz! Reitest du so langsam?
Hast du sie noch vom Herzen nicht empfangen?
OBRIST KOTTWITZ. Ordre?
HOHENZOLLERN. Ich bitte dich!
OBRIST KOTTWITZ. Von meinem Herzen?
HOHENZOLLERN. Lass dir bedeuten, Arthur!
GOLZ. Hör, mein Obrist!
OBRIST KOTTWITZ *(beleidigt).*
Oho! Kömmst du mir so, mein junger Herr? –
Den Gaul, den du daher sprengst, schlepp ich noch
Im Notfall an dem Schwanz des meinen fort!
Marsch, marsch, ihr Herrn! Trompeter, die Fanfare!
Zum Kampf! Zum Kampf! Der Kottwitz ist dabei!
GOLZ *(zu Kottwitz).*
Nein, nimmermehr, mein Obrist! Nimmermehr!
ZWEITER OFFIZIER.
Der Hennings hat den Rhyn noch nicht erreicht!
ERSTER OFFIZIER. Nimm ihm den Degen ab!
DER PRINZ VON HOMBURG. Den Degen mir?
(Er stößt ihn zurück.)
Ei, du vorwitz'ger Knabe, der du noch
Nicht die zehn märkischen Gebote kennst!
Hier ist der deinige, zusamt der Scheide!

(Er reißt ihm das Schwert samt dem Gürtel ab.)

ERSTER OFFIZIER *(taumelnd).*
Mein Prinz, die Tat, bei Gott –!
DER PRINZ VON HOMBURG *(auf ihn einschreitend).*
Den Mund noch öffnest –?
HOHENZOLLERN *(zu dem Offizier).*
Schweig! Bist du rasend?
DER PRINZ VON HOMBURG *(indem er den Degen abgibt).*
Ordonnanzen!
Führt ihn gefangen ab, ins Hauptquartier.
(Zu Kottwitz und den übrigen Offizieren.)
Und jetzt ist die Parol, ihr Herrn: ein Schurke,
Wer seinem General zur Schlacht nicht folgt!
– Wer von euch bleibt?
OBRIST KOTTWITZ. Du hörst. Was eiferst du?
HOHENZOLLERN *(beilegend).*
Es war ein Rat nur, den man dir erteilt'.
OBRIST KOTTWITZ. Auf deine Kappe nimm's! Ich folge dir.
DER PRINZ VON HOMBURG *(beruhigt).*
Ich nehm's auf meine Kappe. Folgt mir, Brüder!
(Alle ab.)

DRITTER AUFTRITT

Szene: Zimmer in einem Dorf.

Ein Hofkavalier, in Stiefeln und Sporen, tritt auf. – Ein Bauer und seine Frau sitzen an einem Tisch und arbeiten.

HOFKAVALIER. Glück auf, ihr wackern Leute! Habt ihr Platz,
In eurem Hause Gäste aufzunehmen?
DER BAUER. O ja! Von Herzen.
DIE FRAU. Darf man wissen, wen?
HOFKAVALIER.
Die hohe Landesmutter! Keinen Schlechtern!
Am Dorftor brach die Achse ihres Wagens,
Und weil wir hören, dass der Sieg erfochten,
So braucht es weiter dieser Reise nicht.
BEIDE *(stehen auf).*
Der Sieg erfochten? – Himmel!
HOFKAVALIER. Das wisst ihr nicht?
Das Heer der Schweden ist aufs Haupt geschlagen,

Wenn nicht für immer, doch auf Jahresfrist,
Die Mark vor ihrem Schwert und Feuer sicher!
– Doch seht! Da kömmt die Landesfürstin schon.

VIERTER AUFTRITT

Die Kurfürstin, bleich und verstört, Prinzessin Natalie und mehrere Hofdamen folgen. Die Vorigen.

DIE KURFÜRSTIN *(unter der Tür).*
Bork! Winterfeld! Kommt: gebt mir euren Arm!
NATALIE *(zu ihr eilend).*
O meine Mutter!
DIE HOFDAMEN. Gott! Sie bleicht! Sie fällt!
(Sie unterstützen sie.)
DIE KURFÜRSTIN.
Führt mich auf einen Stuhl, ich will mich setzen.
– Tot, sagt er; tot?
NATALIE. O meine teure Mutter!
DIE KURFÜRSTIN. Ich will den Unglücksboten selber sprechen.

FÜNFTER AUFTRITT

Rittmeister von Mörner tritt verwundet auf, von zwei Reutern geführt. – Die Vorigen.

DIE KURFÜRSTIN.
Was bringst du, Herold des Entsetzens, mir?
MÖRNER. Was diese Augen, leider, teure Frau,
Zu meinem ew'gen Jammer, selbst gesehn.
DIE KURFÜRSTIN.
Wohlan! Erzähl!
MÖRNER. Der Kurfürst ist nicht mehr!
NATALIE. O Himmel!
Soll ein so ungeheurer Schlag uns treffen?
(Sie bedeckt sich das Gesicht.)
DIE KURFÜRSTIN. Erstatte mir Bericht, wie er gesunken!
– Und wie der Blitzstrahl, der den Wandrer trifft,
Die Welt noch einmal purpurn ihm erleuchtet,
So lass dein Wort sein; Nacht, wenn du gesprochen,

Mög über meinem Haupt zusammenschlagen.
MÖRNER *(tritt, geführt von den beiden Reutern, vor ihr).*
Der Prinz von Homburg war, sobald der Feind,
Gedrängt von Truchß, in seiner Stellung wankte,
Auf Wrangel in die Ebne vorgerückt.
Zwei Linien hatt' er, mit der Reuterei,
Durchbrochen schon, und auf der Flucht vernichtet.
Als er auf eine Feldredoute stieß.
Hier schlug so mörderischer Eisenregen
Entgegen ihm, dass seine Reuterschar,
Wie eine Saat, sich knickend niederlegte:
Halt musst' er machen zwischen Busch und Hügeln,
Um sein zerstreutes Reuterkorps zu sammeln.
NATALIE *(zur Kurfürstin).*
Geliebte! Fasse dich!
DIE KURFÜRSTIN. Lass, lass mich, Liebe!
MÖRNER. In diesem Augenblick, dem Staub entrückt,
Bemerken wir den Herrn, der, bei den Fahnen
Des Truchßschen Korps, dem Feind entgegenreitet;
Auf einem Schimmel herrlich saß er da,
Im Sonnenstrahl, die Bahn des Siegs erleuchtend.
Wir alle sammeln uns, bei diesem Anblick,
Auf eines Hügels Abhang, schwer besorgt,
In Mitten ihn des Feuers zu erblicken:
Als plötzlich jetzt der Kurfürst, Ross und Reuter,
In Staub vor unsern Augen niedersinkt;
Zwei Fahnenträger fielen über ihn,
Und deckten ihn mit ihren Fahnen zu.
NATALIE. O meine Mutter!
ERSTE HOFDAME. Himmel!
DIE KURFÜRSTIN. Weiter! Weiter!
MÖRNER. Drauf fasst, bei diesem schreckenvollen Anblick,
Schmerz, unermesslicher, des Prinzen Herz;
Dem Bären gleich, von Wut gespornt und Rache,
Bricht er mit uns auf die Verschanzung los:
Der Graben wird, der Erdwall, der sie deckt,
Im Anlauf überflogen, die Besatzung
Geworfen, auf das Feld zerstreut, vernichtet,
Kanonen, Fahnen, Pauken und Standarten,
Der Schweden ganzes Kriegsgepäck erbeutet:
Und hätte nicht der Brückenkopf am Rhyn
Im Würgen uns gehemmt, so wäre keiner,
Der, an dem Herd der Väter, sagen könnte:

Bei Fehrbellin sah ich den Helden fallen!
DIE KURFÜRSTIN.
Ein Sieg, zu teu'r erkauft! Ich mag ihn nicht.
Gebt mir den Preis, den er gekostet, wieder.
(Sie sinkt in Ohnmacht.)
ERSTE HOFDAME.
Hilf, Gott im Himmel! Ihre Sinne schwinden.
(Natalie weint.)

SECHSTER AUFTRITT

Der Prinz von Homburg tritt auf. – Die Vorigen.

DER PRINZ VON HOMBURG. O meine teuerste Natalie!
(Er legt ihre Hand gerührt an sein Herz.)
NATALIE. So ist es wahr?
DER PRINZ VON HOMBURG. Oh! Könnt ich sagen: nein!
Könnt ich mit Blut, aus diesem treuen Herzen,
Das seinige zurück ins Dasein rufen! –
NATALIE *(trocknet sich die Tränen).*
Hat man denn schon die Leiche aufgefunden?
DER PRINZ VON HOMBURG.
Ach, mein Geschäft, bis diesen Augenblick,
War Rache nur an Wrangel; wie vermocht' ich,
Solch einer Sorge mich bis jetzt zu weihn?
Doch eine Schar von Männern sandt' ich aus,
Ihn, im Gefild des Todes, aufzusuchen:
Vor Nacht noch zweifelsohne trifft er ein.
NATALIE. Wer wird, in diesem schauderhaften Kampf
Jetzt diese Schweden niederhalten? Wer
Vor dieser Welt von Feinden uns beschirmen,
Die uns sein Glück, die uns sein Ruhm erworben?
DER PRINZ VON HOMBURG *(nimmt ihre Hand).*
Ich, Fräulein, übernehme Eure Sache!
Ein Engel will ich, mit dem Flammenschwert,
An Eures Throns verwaiste Stufen stehn!
Der Kurfürst wollte, eh das Jahr noch wechselt,
Befreit die Marken sehn; wohlan! ich will der
Vollstrecker solchen letzten Willens sein!
NATALIE. Mein lieber, teurer Vetter!
(Sie zieht ihre Hand zurück.)
DER PRINZ VON HOMBURG. O Natalie!

(Er hält einen Augenblick inne.)
Wie denkt Ihr über Eure Zukunft jetzt?
NATALIE. Ja, was soll ich, nach diesem Wetterschlag,
Der unter mir den Grund zerreißt, beginnen?
Mir ruht der Vater, mir die teure Mutter
Im Grab zu Amsterdam; in Schutt und Asche
Liegt Dortrecht, meines Hauses Erbe, da;
Gedrängt von Spaniens Tyrannenheeren,
Weiß Moritz kaum, mein Vetter von Oranien,
Wo er die eignen Kinder retten soll:
Und jetzt sinkt mir die letzte Stütze nieder,
Die meines Glückes Rebe aufrecht hielt.
Ich ward zum zweiten Male heut verwaist!
DER PRINZ VON HOMBURG *(schlägt einen Arm um ihren Leib).*
O meine Freundin! Wäre diese Stunde
Der Trauer nicht geweiht, so wollt' ich sagen:
Schlingt Eure Zweige hier um diese Brust,
Um sie, die schon seit Jahren, einsam blühend,
Nach Eurer Glocken holdem Duft sich sehnt!
NATALIE. Mein lieber, guter Vetter!
DER PRINZ VON HOMBURG. – Wollt Ihr? Wollt Ihr?
NATALIE. – Wenn ich ins innere Mark ihr wachsen darf?
(Sie legt sich an seine Brust.)
DER PRINZ VON HOMBURG.
Wie? Was war das?
NATALIE. Hinweg!
DER PRINZ VON HOMBURG *(hält sie).* In ihren Kern!
In ihres Herzens Kern, Natalie!
(Er küsst sie; sie reißt sich los.)
O Gott, wär er jetzt da, den wir beweinen,
Um diesen Bund zu schauen! Könnten wir
Zu ihm aufstammeln: Vater, segne uns!
(Er bedeckt sein Gesicht mit seinen Händen; Natalie wendet sich wieder zur Kurfürstin zurück.)

SIEBENTER AUFTRITT

Ein Wachtmeister tritt eilig auf. – Die Vorigen.

WACHTMEISTER.
Mein Prinz, kaum wag ich, beim lebend'gen Gott,

Welch ein Gerücht sich ausstreut, Euch zu melden!
– Der Kurfürst lebt!
DER PRINZ VON HOMBURG. Er lebt!
WACHTMEISTER. Beim hohen Himmel!
Graf Sparren bringt die Nachricht eben her.
NATALIE. Herr meines Lebens! Mutter, hörtest du's?
(Sie stürzt vor der Kurfürstin nieder und umfasst ihren Leib.)
DER PRINZ VON HOMBURG.
Nein, sag –! Wer bringt mir –?
WACHTMEISTER. Graf Georg von Sparren,
Der ihn in Hackelwitz, beim Truchßschen Korps,
Mit eignem Aug, gesund und wohl, gesehn!
DER PRINZ VON HOMBURG.
Geschwind! Lauf, Alter! Bring ihn mir herein!
(Wachtmeister ab.)

ACHTER AUFTRITT

Graf Georg von Sparren und der Wachtmeister treten auf. – Die Vorigen.

DIE KURFÜRSTIN.
O stürzt mich zweimal nicht zum Abgrund nieder!
NATALIE. Nein, meine teure Mutter!
DIE KURFÜRSTIN. Friedrich lebt?
NATALIE *(hält sie mit beiden Händen aufrecht).*
Des Daseins Gipfel nimmt Euch wieder auf!
WACHTMEISTER *(auftretend).*
Hier ist der Offizier!
DER PRINZ VON HOMBURG.
Herr Graf von Sparren!
Des Herrn Durchlaucht habt Ihr, frisch und wohlauf,
Beim Truchßschen Korps, in Hackelwitz, gesehn?
GRAF SPARREN.
Ja, mein erlauchter Prinz, im Hof des Pfarrers,
Wo er Befehle gab, vom Stab umringt,
Die Toten beider Heere zu begraben!
DIE HOFDAMEN. O Gott! An deine Brust –
(Sie umarmen sich.)
DIE KURFÜRSTIN. O meine Tochter!
NATALIE. Nein, diese Seligkeit ist fast zu groß!
(Sie drückt ihr Gesicht in der Tante Schoß.)

DER PRINZ VON HOMBURG.
Sah ich, von fern, an meiner Reuter Spitze,
Ihn nicht, zerschmettert von Kanonenkugeln,
In Staub, samt seinem Schimmel, niederstürzen?
GRAF SPARREN.
Der Schimmel, allerdings, stürzt', samt dem Reuter,
Doch wer ihn ritt, mein Prinz, war nicht der Herr.
DER PRINZ VON HOMBURG.
Nicht? Nicht der Herr?
NATALIE. O Jubel!
(Sie steht auf, und stellt sich an die Seite der Kurfürstin.)
DER PRINZ VON HOMBURG. Sprich! Erzähle!
Dein Wort fällt schwer wie Gold in meine Brust!
GRAF SPARREN. O lasst die rührendste Begebenheit,
Die je ein Ohr vernommen, Euch berichten!
Der Landesherr, der, jeder Warnung taub,
Den Schimmel wieder ritt, den strahlend weißen,
Den Froben jüngst in England ihm erstand,
War wieder, wie bis heut noch stets geschah,
Das Ziel der feindlichen Kanonenkugeln.
Kaum konnte, wer zu seinem Tross gehörte,
Auf einen Kreis von hundert Schritt ihm nahn;
Granaten wälzten, Kugeln und Kartätschen,
Sich wie ein breiter Todesstrom daher,
Und alles, was da lebte, wich ans Ufer:
Nur er, der kühne Schwimmer, wankte nicht,
Und stets den Freunden winkend, rudert' er
Getrost den Höh'n zu, wo die Quelle sprang.
DER PRINZ VON HOMBURG.
Beim Himmel, ja! Ein Grausen war's, zu sehn.
GRAF SPARREN. Stallmeister Froben, der, beim Tross der Suite,
Zunächst ihm folgt, ruft dieses Wort mir zu:
„Verwünscht sei heut mir dieses Schimmels Glanz,
Mit schwerem Gold in London jüngst erkauft!
Wollt ich doch funfzig Stück Dukaten geben,
Könnt ich ihn mit dem Grau der Mäuse decken."
Er naht, voll heißer Sorge, ihm und spricht:
„Hoheit, dein Pferd ist scheu, du musst verstatten,
Dass ich's noch einmal in die Schule nehme!"
Mit diesem Wort entsitzt er seinem Fuchs,
Und fällt dem Tier des Herren in den Zaum.
Der Herr steigt ab, still lächelnd, und versetzt:
„Die Kunst, die du ihn, Alter, lehren willst,

Wird er, solang es Tag ist, schwerlich lernen.
Nimm, bitt ich, fern ihn, hinter jenen Hügeln,
Wo seines Fehls der Feind nicht achtet, vor!“
Dem Fuchs drauf sitzt er auf, den Froben reitet,
Und kehrt zurück, wohin sein Amt ihn ruft.
Doch Froben hat den Schimmel kaum bestiegen,
So reißt, entsendet aus der Feldredoute,
Ihn schon ein Mordblei, Ross und Reuter, nieder:
In Staub sinkt er, ein Opfer seiner Treue,
Und keinen Laut vernahm man mehr von ihm.
(Kurze Pause.)

DER PRINZ VON HOMBURG.
Er ist bezahlt! – Wenn ich zehn Leben hätte,
Könnt ich sie besser brauchen nicht, als so!

NATALIE. Der wackre Froben!

DIE KURFÜRSTIN. Der Vortreffliche!

NATALIE. Ein Schlechtrer wäre noch der Tränen wert!
(Sie weinen.)

DER PRINZ VON HOMBURG.
Genug! Zur Sache jetzt. Wo ist der Kurfürst?
Nahm er in Hackelwitz sein Hauptquartier?

GRAF SPARREN. Vergib! Der Herr ist nach Berlin gegangen,
Und die gesamte Generalität
Ist aufgefordert, ihm dahin zu folgen.

DER PRINZ VON HOMBURG.
Wie? Nach Berlin! – Ist denn der Feldzug aus?

GRAF SPARREN. Fürwahr, ich staune, dass dir alles fremd! –
Graf Horn, der schwed'sche General, traf ein;
Es ist im Lager, gleich nach seiner Ankunft,
Ein Waffenstillstand ausgerufen worden.
Wenn ich den Marschall Dörfling recht verstanden,
Ward eine Unterhandlung angeknüpft:
Leicht, dass der Frieden selbst erfolgen kann.

DIE KURFÜRSTIN. O Gott, wie herrlich klärt sich alles auf!
(Sie steht auf.)

DER PRINZ VON HOMBURG.
Kommt, lasst sogleich uns nach Berlin ihm folgen!
– Räumst du, zu rascherer Befördrung, wohl
Mir einen Platz in deinem Wagen ein?
– Zwei Zeilen nur an Kottwitz schreib ich noch
Und steige augenblicklich mit dir ein.
(Er setzt sich nieder und schreibt.)

DIE KURFÜRSTIN. Von ganzem Herzen gern!

DER PRINZ VON HOMBURG *(legt den Brief zusammen und übergibt ihn dem Wachtmeister; indem er sich wieder zur Kurfürstin wendet, und den Arm sanft um Nataliens Leib legt.)*
Ich habe so
Dir einen Wunsch noch schüchtern zu vertraun,
Dess ich mich auf der Reis entlasten will.

NATALIE *(macht sich von ihm los).*
Bork! Rasch! Mein Halstuch, bitt ich!

DIE KURFÜRSTIN. Du? Einen Wunsch mir?

ERSTE HOFDAME.
Ihr tragt das Tuch, Prinzessin, um den Hals!

DER PRINZ VON HOMBURG *(zur Kurfürstin).*
Was? Rätst du nichts?

DIE KURFÜRSTIN. Nein, nichts!

DER PRINZ VON HOMBURG. Was? Keine Silbe –?

DIE KURFÜRSTIN *(abbrechend).*
Gleichviel! – Heut keinem Flehenden auf Erden
Antwort ich: nein! was es auch immer sei;
Und dir, du Sieger in der Schlacht, zuletzt!
– Hinweg!

DER PRINZ VON HOMBURG.
Mutter! Welch ein Wort sprachst du?
Darf ich's mir deuten, wie es mir gefällt?

DIE KURFÜRSTIN. Hinweg, sag ich! Im Wagen mehr davon!

DER PRINZ VON HOMBURG.
Kommt, gebt mir Euren Arm! O Cäsar Divus!
Die Leiter setz ich an, an deinen Stern!

(Er führt die Damen ab; alle folgen.)

Szene: Berlin. Lustgarten vor dem alten Schloss. Im Hintergrunde die Schlosskirche, mit einer Treppe. Glockenklang; die Kirche ist stark erleuchtet; man sieht die Leiche Frobens vorübertragen, und auf einen prächtigen Katafalk niedersetzen.

NEUNTER AUFTRITT

Der Kurfürst, Feldmarschall Dörfling, Obrist Hennings, Graf Truchß, und mehrere andere Obristen und Offiziere treten auf. Ihm gegenüber zeigen sich einige Offiziere mit Depeschen. – In der Kirche sowohl, als auf dem Platz Volk jeden Alters und Geschlechts.

DER KURFÜRST. Wer immer auch die Reuterei geführt,
Am Tag der Schlacht, und eh der Obrist Hennings
Des Feindes Brücken hat zerstören können,
Damit ist aufgebrochen, eigenmächtig,
Zur Flucht, bevor ich Ordre gab, ihn zwingend,
Der ist des Todes schuldig, das erklär ich,
Und vor ein Kriegsgericht bestell ich ihn.
– Der Prinz von Homburg hat sie nicht geführt?
GRAF TRUCHSS. Nein, mein erlauchter Herr!
DER KURFÜRST. Wer sagt mir das?
GRAF TRUCHSS. Das können Reuter dir bekräftigen,
Die mir's versichert, vor Beginn der Schlacht.
Der Prinz hat mit dem Pferd sich überschlagen,
Man hat verwundet schwer, an Haupt und Schenkeln,
In einer Kirche ihn verbinden sehn.
DER KURFÜRST.
Gleichviel. Der Sieg ist glänzend dieses Tages,
Und vor dem Altar morgen dank ich Gott.
Doch wär er zehnmal größer, das entschuldigt
Den nicht, durch den der Zufall mir ihn schenkt:
Mehr Schlachten noch, als die, hab ich zu kämpfen,
Und will, dass dem Gesetz Gehorsam sei.
Wer's immer war, der sie zur Schlacht geführt,
Ich wiederhol's, hat seinen Kopf verwirkt,
Und vor ein Kriegsrecht hiemit lad ich ihn.
– Folgt, meine Freunde, in die Kirche mir!

ZEHNTER AUFTRITT

Der Prinz von Homburg, *drei schwed'sche Fahnen in der Hand,* Obrist Kottwitz, *mit deren zwei,* Graf Hohenzollern, Rittmeister Golz, Graf Reuß, *jeder mit einer Fahne, mehrere andere* Offiziere, Korporale *und* Reuter, *mit Fahnen, Pauken und Standarten, treten auf. – Die* Vorigen.

FELDMARSCHALL DÖRFLING *(sowie er den Prinzen erblickt).*
Der Prinz von Homburg! – Truchß! Was machtet Ihr?
DER KURFÜRST *(stutzt).*
Wo kommt Ihr her, Prinz?
DER PRINZ VON HOMBURG *(einige Schritte vorschreitend).*
Von Fehrbellin, mein Kurfürst,
Und bringe diese Siegstrophäen dir.
(Er legt die drei Fahnen vor ihm nieder; die Offiziere, Korporale und Reuter folgen, jeder mit der ihrigen.)
DER KURFÜRST *(betroffen).*
Du bist verwundet, hör ich, und gefährlich?
– Graf Truchß!
DER PRINZ VON HOMBURG *(heiter).* Vergib!
GRAF TRUCHSS. Beim Himmel, ich erstaune!
DER PRINZ VON HOMBURG.
Mein Goldfuchs fiel, vor Anbeginn der Schlacht;
Die Hand hier, die ein Feldarzt mir verband,
Verdient nicht, dass du sie verwundet taufst.
DER KURFÜRST. Mithin hast du die Reuterei geführt?
DER PRINZ VON HOMBURG *(sieht ihn an).*
Ich? Allerdings! Musst du von mir dies hören!
– Hier legt' ich den Beweis zu Füßen dir.
DER KURFÜRST.
– Nehmt ihm den Degen ab. Er ist gefangen.
FELDMARSCHALL *(erschrocken).*
Wem?
DER KURFÜRST *(tritt unter die Fahnen).*
Kottwitz! Sei gegrüßt mir!
GRAF TRUCHSS *(für sich).* O verflucht!
OBRIST KOTTWITZ. Bei Gott, ich bin aufs äußerste –!
DER KURFÜRST *(sieht ihn an).* Was sagst du? –
Schau, welche Saat für unsern Ruhm gemäht!
– Die Fahn ist von der schwed'schen Leibwacht! Nicht?
(Er nimmt eine Fahne auf, entwickelt und betrachtet sie.)

OBRIST KOTTWITZ. Mein Kurfürst?
FELDMARSCHALL. Mein Gebieter?
DER KURFÜRST. Allerdings!
Und zwar aus König Gustav Adolphs Zeiten!
– Wie heißt die Inschrift?
OBRIST KOTTWITZ. Ich glaube –
FELDMARSCHALL. Per aspera ad astra.
DER KURFÜRST. Das hat sie nicht bei Fehrbellin gehalten. –
(Pause.)
OBRIST KOTTWITZ *(schüchtern).*
Mein Fürst, vergönn ein Wort mir –!
DER KURFÜRST. Was beliebt? –
Nehmt alles, Fahnen, Pauken und Standarten,
Und hängt sie an der Kirche Pfeiler auf;
Beim Siegsfest morgen denk ich sie zu brauchen!
(Der Kurfürst wendet sich zu den Kurieren, nimmt ihnen die Depeschen ab, erbricht, und liest sie.)
OBRIST KOTTWITZ *(für sich).*
Das, beim lebend'gen Gott, ist mir zu stark!
(Der Obrist nimmt, nach einigem Zaudern, seine zwei Fahnen auf, die übrigen Offiziere und Reuter folgen; zuletzt, da die drei Fahnen des Prinzen liegen bleiben, hebt Kottwitz auch diese auf, sodass er nun fünf trägt.)
EIN OFFIZIER *(tritt vor den Prinzen).*
Prinz, Euren Degen, bitt ich.
HOHENZOLLERN *(mit seiner Fahne, ihm zur Seite tretend).*
Ruhig, Freund!
DER PRINZ VON HOMBURG.
Träum ich? Wach ich? Leb ich? Bin ich bei Sinnen?
GOLZ. Prinz, gib den Degen, rat ich, hin und schweig!
DER PRINZ VON HOMBURG.
Ich, ein Gefangener?
HOHENZOLLERN. So ist's!
GOLZ. Ihr hört's!
DER PRINZ VON HOMBURG.
Darf man die Ursach wissen?
HOHENZOLLERN *(mit Nachdruck).* Jetzo nicht!
– Du hast zu zeitig, wie wir gleich gesagt,
Dich in die Schlacht gedrängt; die Ordre war,
Nicht von dem Platz zu weichen, ungerufen!
DER PRINZ VON HOMBURG.
Helft, Freunde, helft! Ich bin verrückt.
GOLZ *(unterbrechend).* Still! still!

Sind denn die Märkischen geschlagen worden?

HOHENZOLLERN *(stampft mit dem Fuß auf die Erde).*
Gleichviel! – Der Satzung soll Gehorsam sein.

DER PRINZ VON HOMBURG *(mit Bitterkeit).*
So! – so, so, so!

HOHENZOLLERN *(entfernt sich von ihm).*
Es wird den Hals nicht kosten.

GOLZ *(ebenso).* Vielleicht bist du schon morgen wieder los.

(Der Kurfürst legt die Briefe zusammen und kehrt sich wieder in den Kreis der Offiziere zurück.)

DER PRINZ VON HOMBURG *(nachdem er sich den Degen abgeschnallt).*
Mein Vetter Friedrich will den Brutus spielen,
Und sieht, mit Kreid auf Leinewand verzeichnet,
Sich schon auf dem kurul'schen Stuhle sitzen:
Die schwed'schen Fahnen in dem Vordergrund,
Und auf dem Tisch die märk'schen Kriegsartikel.
Bei Gott, in mir nicht findet er den Sohn,
Der, unterm Beil des Henkers, ihn bewundre.
Ein deutsches Herz, von altem Schrot und Korn,
Bin ich gewohnt an Edelmut und Liebe;
Und wenn er mir, in diesem Augenblick,
Wie die Antike starr entgegenkömmt,
Tut er mir Leid, und ich muss ihn bedauren!

(Er gibt den Degen an den Offizier und geht ab.)

DER KURFÜRST.
Bringt ihn nach Fehrbellin, ins Hauptquartier,
Und dort bestellt das Kriegsrecht, das ihn richte!

(Ab in die Kirche. Die Fahnen folgen ihm, und werden, während er mit seinem Gefolge an dem Sarge Frobens niederkniet und betet, an den Pfeilern derselben aufgehängt. Trauermusik.)

DRITTER AKT

Szene: Fehrbellin. Ein Gefängnis.

ERSTER AUFTRITT

Der Prinz von Homburg. –
Im Hintergrunde zwei Reuter, als Wache. –
Der Graf von Hohenzollern tritt auf.

DER PRINZ VON HOMBURG.
Sieh da! Freund Heinrich! Sei willkommen mir!
– Nun, des Arrestes bin ich wieder los?
HOHENZOLLERN *(erstaunt).*
Gott sei Lob, in der Höh!
DER PRINZ VON HOMBURG. Was sagst du?
HOHENZOLLERN. Los?
Hat er den Degen dir zurückgeschickt?
DER PRINZ VON HOMBURG.
Mir? Nein.
HOHENZOLLERN. Nicht?
DER PRINZ VON HOMBURG. Nein!
HOHENZOLLERN. – Woher denn also los?
DER PRINZ VON HOMBURG *(nach einer Pause).*
Ich glaubte, du, du bringst es mir. – Gleichviel!
HOHENZOLLERN.
– Ich weiß von nichts.
DER PRINZ VON HOMBURG.
Gleichviel, du hörst; gleichviel!
So schickt er einen andern, der mir's melde.
(Er wendet sich und holt Stühle.)
Setz dich! – Nun, sag mir an, was gibt es Neues?
– Der Kurfürst kehrte von Berlin zurück?
HOHENZOLLERN *(zerstreut).* Ja. Gestern Abend.
DER PRINZ VON HOMBURG. Ward, beschlossner Maßen,
Das Siegsfest dort gefeiert? –
HOHENZOLLERN. Allerdings!
DER PRINZ VON HOMBURG.
– Der Kurfürst war zugegen in der Kirche?
HOHENZOLLERN. Er und die Fürstin und Natalie. –
Die Kirche war, auf würd'ge Art, erleuchtet;
Battrien ließen sich, vom Schlossplatz her,
Mit ernster Pracht bei dem Tedeum hören.

Die schwed'schen Fahnen wehten und Standarten,
Trophäenartig, von den Pfeilern nieder,
Und auf des Herrn ausdrücklichen Befehl
Ward deines, als des Siegers Namen –
Erwähnung von der Kanzel her getan.

DER PRINZ VON HOMBURG.
Das hört' ich. – – Nun, was gibt es sonst; was bringst du?
– Dein Antlitz, dünkt mich, sieht nicht heiter, Freund!

HOHENZOLLERN.
– Sprachst du schon wen?

DER PRINZ VON HOMBURG. Golz, eben, auf dem Schlosse,
Wo ich, du weißt es, im Verhöre war.

(Pause.)

HOHENZOLLERN *(sieht ihn bedenklich an).*
Was denkst du, Arthur, denn von deiner Lage,
Seit sie so seltsam sich verändert hat?

DER PRINZ VON HOMBURG.
Ich? Nun, was du und Golz – die Richter selbst!
Der Kurfürst hat getan, was Pflicht erheischte,
Und nun wird er dem Herzen auch gehorchen.
„Gefehlt hast du", so wird er ernst mir sagen,
Vielleicht ein Wort von Tod und Festung sprechen:
„Ich aber schenke dir die Freiheit wieder" –
Und um das Schwert, das ihm den Sieg errang,
Schlingt sich vielleicht ein Schmuck der Gnade noch;
– Wenn der nicht, gut; denn den verdient' ich nicht!

HOHENZOLLERN. O Arthur! *(Er hält inne.)*

DER PRINZ VON HOMBURG. Nun?

HOHENZOLLERN. – Dess bist du so gewiss?

DER PRINZ VON HOMBURG.
Ich denk's mir so! Ich bin ihm wert, das weiß ich,
Wert wie ein Sohn; das hat, seit früher Kindheit,
Sein Herz, in tausend Proben, mir bewiesen.
Was für ein Zweifel ist's, der dich bewegt?
Schien er am Wachstum meines jungen Ruhms
Nicht mehr fast, als ich selbst, sich zu erfreun?
Bin ich nicht alles, was ich bin, durch ihn?
Und er, er sollte lieblos jetzt die Pflanze,
Die er selbst zog, bloß, weil sie sich ein wenig
Zu rasch und üppig in die Blume warf,
Missgünstig in den Staub daniedertreten?
Das glaubt' ich seinem schlimmsten Feinde nicht,
Viel wen'ger dir, der du ihn kennst und liebst.

HOHENZOLLERN *(bedeutend).*
Du standst dem Kriegsrecht, Arthur, im Verhör;
Und bist des Glaubens noch?
DER PRINZ VON HOMBURG. Weil ich ihm stand! –
Bei dem lebend'gen Gott, so weit geht keiner,
Der nicht gesonnen wäre, zu begnad'gen!
Dort eben, vor der Schranke des Gerichts,
Dort war's, wo mein Vertraun sich wieder fand.
War's denn ein todeswürdiges Verbrechen,
Zwei Augenblicke früher, als befohlen,
Die schwed'sche Macht in Staub gelegt zu haben?
Und welch ein Frevel sonst drückt meine Brust?
Wie könnt er doch vor diesen Tisch mich laden,
Von Richtern, herzlos, die, den Eulen gleich,
Stets von der Kugel mir das Grablied singen:
Dächt er, mit einem heitern Herrscherspruch,
Nicht, als ein Gott, in ihren Kreis zu treten?
Nein, Freund, er sammelt diese Nacht von Wolken
Nur um mein Haupt, um wie die Sonne mir,
Durch ihren Dunstkreis, strahlend aufzugehn:
Und diese Lust, fürwahr, kann ich ihm gönnen!
HOHENZOLLERN.
Das Kriegsrecht, gleichwohl, sagt man, hat gesprochen.
DER PRINZ VON HOMBURG.
Ich höre, ja; auf Tod.
HOHENZOLLERN *(erstaunt).* Du weißt es schon?
DER PRINZ VON HOMBURG.
Golz, der dem Spruch des Kriegsrechts beigewohnt,
Hat mir gemeldet, wie er ausgefallen.
HOHENZOLLERN.
Nun denn, bei Gott! – der Umstand rührt dich nicht?
DER PRINZ VON HOMBURG.
Mich? Nicht im mindesten.
HOHENZOLLERN. Du Rasender!
Und worauf stützt sich deine Sicherheit?
DER PRINZ VON HOMBURG.
Auf mein Gefühl von ihm! *(Er steht auf.)*
Ich bitte, lass mich!
Was soll ich mich mit falschen Zweifeln quälen?
(Er besinnt sich und lässt sich wieder nieder. – Pause.)
Das Kriegsrecht musste auf den Tod erkennen;
So lautet das Gesetz, nach dem es richtet.
Doch eh er solch ein Urteil lässt vollstrecken,

Eh er dies Herz hier, das getreu ihn liebt,
Auf seines Tuches Wink, der Kugel preisgibt,
Eh, sieh, eh öffnet er die eigne Brust sich,
Und sprützt sein Blut selbst tropfenweis in Staub.
HOHENZOLLERN. Nun, Arthur, ich versichre dich –
DER PRINZ VON HOMBURG *(unwillig)*. O Lieber!
HOHENZOLLERN.
Der Marschall –
DER PRINZ VON HOMBURG *(ebenso)*.
Lass mich, Freund!
HOHENZOLLERN. Zwei Worte hör noch!
Wenn die dir auch nichts gelten, schweig ich still.
DER PRINZ VON HOMBURG *(wendet sich wieder zu ihm)*.
Du hörst, ich weiß von allem. – Nun? Was ist's?
HOHENZOLLERN.
Der Marschall hat, höchst seltsam ist's, soeben
Das Todsurteil im Schloss ihm überreicht:
Und er, statt, wie das Urteil frei ihm stellt,
Dich zu begnadigen, er hat befohlen,
Dass es zur Unterschrift ihm kommen soll.
DER PRINZ VON HOMBURG.
Gleichviel. Du hörst –
HOHENZOLLERN. Gleichviel?
DER PRINZ VON HOMBURG. Zur Unterschrift?
HOHENZOLLERN.
Bei meiner Ehr! Ich kann es dir versichern.
DER PRINZ VON HOMBURG.
Das Urteil? – Nein! Die Schrift –?
HOHENZOLLERN. Das Todesurteil.
DER PRINZ VON HOMBURG.
Wer hat dir das gesagt?
HOHENZOLLERN. Er selbst, der Marschall!
DER PRINZ VON HOMBURG.
Wann?
HOHENZOLLERN. Eben jetzt.
DER PRINZ VON HOMBURG.
Als er vom Herrn zurückkam? –
HOHENZOLLERN. Als er vom Herrn die Treppe niederstieg! –
Er fügt' hinzu, da er bestürzt mich sah,
Verloren sei noch nichts, und morgen sei
Auch noch ein Tag, dich zu begnadigen;
Doch seine bleiche Lippe widerlegte
Ihr eignes Wort, und sprach: ich fürchte, nein!

DER PRINZ VON HOMBURG *(steht auf)*.
Er könnte – nein! so ungeheuere
Entschließungen in seinem Busen wälzen?
Um eines Fehls, der Brille kaum bemerkbar,
In dem Demanten, den er jüngst empfing,
In Staub den Geber treten? Eine Tat,
Die weiß den Dey von Algier brennt, mit Flügeln,
Nach Art der Cherubime, silberglänzig,
Den Sardanapel ziert, und die gesamte
Altrömische Tyrannenreihe, schuldlos,
Wie Kinder, die am Mutterbusen sterben,
Auf Gottes rechter Seit hinüberwirft?
HOHENZOLLERN *(der gleichfalls aufgestanden)*.
Du musst, mein Freund, dich davon überzeugen.
DER PRINZ VON HOMBURG.
Und der Feldmarschall schwieg und sagte nichts?
HOHENZOLLERN. Was sollt er sagen?
DER PRINZ VON HOMBURG. O Himmel, meine Hoffnung!
HOHENZOLLERN. Hast du vielleicht je einen Schritt getan,
Sei's wissentlich, sei's unbewusst,
Der seinem stolzen Geist zu nah getreten?
DER PRINZ VON HOMBURG.
Niemals!
HOHENZOLLERN. Besinne dich.
DER PRINZ VON HOMBURG. Niemals, beim Himmel!
Mir war der Schatten seines Hauptes heilig.
HOHENZOLLERN.
Arthur, sei mir nicht böse, wenn ich zweifle.
Graf Horn traf, der Gesandte Schwedens, ein,
Und sein Geschäft geht, wie man mir versichert,
An die Prinzessin von Oranien.
Ein Wort, das die Kurfürstin Tante sprach,
Hat aufs empfindlichste den Herrn getroffen;
Man sagt, das Fräulein habe schon gewählt.
Bist du auf keine Weise hier im Spiele?
DER PRINZ VON HOMBURG.
O Gott! Was sagst du mir?
HOHENZOLLERN. Bist du's? Bist du's?
DER PRINZ VON HOMBURG.
Ich bin's, mein Freund; jetzt ist mir alles klar;
Es stürzt der Antrag ins Verderben mich:
An ihrer Weigrung, wisse, bin ich schuld,
Weil mir sich die Prinzessin anverlobt!

HOHENZOLLERN. Du unbesonn'ner Tor! Was machtest du?
Wie oft hat dich mein treuer Mund gewarnt!
DER PRINZ VON HOMBURG.
O Freund! Hilf, rette mich! Ich bin verloren.
HOHENZOLLERN.
Ja, welch ein Ausweg führt aus dieser Not? –
Willst du vielleicht die Fürstin Tante sprechen?
DER PRINZ VON HOMBURG *(wendet sich).*
– He, Wache!
REUTER *(im Hintergrunde).* Hier!
DER PRINZ VON HOMBURG. Ruft euren Offizier! –
(Er nimmt eilig einen Mantel um von der Wand, und setzt einen Federhut auf, der auf dem Tisch liegt.)
HOHENZOLLERN *(indem er ihm behülflich ist).*
Der Schritt kann, klug gewandt, dir Rettung bringen.
– Denn kann der Kurfürst nur mit König Karl,
Um den bewussten Preis, den Frieden schließen,
So sollst du sehn, sein Herz versöhnt sich dir,
Und gleich, in wenig Stunden, bist du frei.

ZWEITER AUFTRITT

Der Offizier tritt auf. – Die Vorigen.

DER PRINZ VON HOMBURG *(zu dem Offizier).*
Stranz, übergeben bin ich deiner Wache!
Erlaub, in einem dringenden Geschäft,
Dass ich auf eine Stunde mich entferne.
DER OFFIZIER. Mein Prinz, mir übergeben bist du nicht.
Die Ordre, die man mir erteilt hat, lautet,
Dich gehn zu lassen frei, wohin du willst.
DER PRINZ VON HOMBURG.
Seltsam! – So bin ich kein Gefangener?
DER OFFIZIER. Vergib! – Dein Wort ist eine Fessel auch.
DER PRINZ VON HOMBURG *(bricht auf).*
Auch gut! Gleichviel! – Wohlan! So leb, denn wohl!
HOHENZOLLERN.
Die Fessel folgt dem Prinzen auf dem Fuße!
DER PRINZ VON HOMBURG.
Ich geh aufs Schloss, zu meiner Tante nur,
Und bin in zwei Minuten wieder hier. *(Alle ab.)*

Szene: Zimmer der Kurfürstin.

DRITTER AUFTRITT

Die Kurfürstin und Natalie treten auf.

DIE KURFÜRSTIN.
Komm, meine Tochter; komm! Dir schlägt die Stunde!
Graf Gustav Horn, der schwedische Gesandte,
Und die Gesellschaft, hat das Schloss verlassen;
Im Kabinett des Onkels seh ich Licht:
Komm, leg das Tuch dir um, und schleich dich zu ihm,
Und sieh, ob du den Freund dir retten kannst!
(Sie wollen gehen.)

VIERTER AUFTRITT

Eine Hofdame tritt auf. – Die Vorigen.

DIE HOFDAME.
Prinz Homburg, gnäd'ge Frau, ist vor der Türe!
Kaum weiß ich wahrlich, ob ich recht gesehn?
DIE KURFÜRSTIN *(betroffen).*
O Gott!
PRINZESSIN NATALIE. Er selbst?
DIE KURFÜRSTIN. Hat er denn nicht Arrest?
DIE HOFDAME. Er steht in Federhut und Mantel draußen,
Und fleht, bestürzt und dringend, um Gehör.
DIE KURFÜRSTIN *(unwillig).*
Der Unbesonnene! Sein Wort zu brechen!
PRINZESSIN NATALIE. Wer weiß, was ihn bedrängt!
DIE KURFÜRSTIN *(nach einigem Bedenken)* – Lasst ihn herein.
(Sie setzt sich auf einen Stuhl.)

FÜNFTER AUFTRITT

Der Prinz von Homburg tritt auf. – Die Vorigen.

DER PRINZ VON HOMBURG.
O meine Mutter!
(Er lässt sich auf Knien vor ihr nieder.)

DIE KURFÜRSTIN. Prinz! Was wollt Ihr hier?
DER PRINZ VON HOMBURG.
O lass mich deine Knie umfassen, Mutter!
DIE KURFÜRSTIN *(mit unterdrückter Rührung).*
Gefangen seid Ihr, Prinz, und kommt hieher!
Was häuft Ihr neue Schuld zu Eurer alten?
DER PRINZ VON HOMBURG *(dringend).*
Weißt du, was mir geschehn?
DIE KURFÜRSTIN. Ich weiß um alles!
Was aber kann ich, Ärmste, für Euch tun?
DER PRINZ VON HOMBURG.
O meine Mutter, also sprächst du nicht,
Wenn dich der Tod umschauerte, wie mich!
Du scheinst mit Himmelskräften, rettenden,
Du mir, das Fräulein, deine Fraun, begabt,
Mir alles rings umher; dem Trossknecht könnt ich,
Dem schlechtesten, der deiner Pferde pflegt,
Gehängt am Halse flehen: rette mich!
Nur ich allein, auf Gottes weiter Erde,
Bin hülflos, ein Verlassner, und kann nichts!
DIE KURFÜRSTIN. Du bist ganz außer dir! Was ist geschehn?
DER PRINZ VON HOMBURG.
Ach! Auf dem Wege, der mich zu dir führte,
Sah ich das Grab, beim Schein der Fackeln, öffnen,
Das morgen mein Gebein empfangen soll.
Sieh, diese Augen, Tante, die dich anschaun,
Will man mit Nacht umschatten, diesen Busen
Mit mörderischen Kugeln mir durchbohren.
Bestellt sind auf dem Markte schon die Fenster,
Die auf das öde Schauspiel niedergehn,
Und der die Zukunft, auf des Lebens Gipfel,
Heut, wie ein Feenreich, noch überschaut,
Liegt in zwei engen Brettern duftend morgen,
Und ein Gestein sagt dir von ihm: er war!
(Die Prinzessin, welche bisher, auf die Schulter der Hofdame gelehnt, in der Ferne gestanden hat, lässt sich, bei diesen Worten, erschüttert an einen Tisch nieder und weint.)
DIE KURFÜRSTIN.
Mein Sohn! Wenn's so des Himmels Wille ist,
Wirst du mit Mut dich und mit Fassung rüsten!
DER PRINZ VON HOMBURG.
O Gottes Welt, o Mutter, ist so schön!
Lass mich nicht, fleh ich, eh die Stunde schlägt,

Zu jenen schwarzen Schatten niedersteigen!
Mag er doch sonst, wenn ich gefehlt, mich strafen,
Warum die Kugel eben muss es sein?
Mag er mich meiner Ämter doch entsetzen,
Mit Kassation, wenn's das Gesetz so will,
Mich aus dem Heer entfernen: Gott des Himmels!
Seit ich mein Grab sah, will ich nichts, als leben,
Und frage nichts mehr, ob es rühmlich sei!

DIE KURFÜRSTIN.
Steh auf, mein Sohn; steh auf! Was sprichst du da?
Du bist zu sehr erschüttert. Fasse dich!

DER PRINZ VON HOMBURG.
Nicht, Tante, eh'r, als bis du mir gelobt,
Mit einem Fußfall, der mein Dasein rette,
Flehnd seinem höchsten Angesicht zu nahn!
Dir übergab zu Homburg, als sie starb,
Die Hedwig mich, und sprach, die Jugendfreundin:
„Sei ihm die Mutter, wenn ich nicht mehr bin."
Du beugtest tief gerührt, am Bette knieend,
Auf ihre Hand dich und erwidertest:
„Er soll mir sein, als hätt ich ihn erzeugt."
Nun, jetzt erinnr' ich dich an solch ein Wort!
Geh hin, als hätt'st du mich erzeugt, und sprich:
„Um Gnade fleh ich, Gnade! Lass ihn frei!"
Ach, und komm mir zurück, und sprich: „du bist's!"

DIE KURFÜRSTIN *(weint).*
Mein teurer Sohn! Es ist bereits geschehn!
Doch alles, was ich flehte, war umsonst!

DER PRINZ VON HOMBURG.
Ich gebe jeden Anspruch auf an Glück.
Nataliens, das vergiss nicht, ihm zu melden,
Begehr ich gar nicht mehr, in meinem Busen
Ist alle Zärtlichkeit für sie verlöscht.
Frei ist sie, wie das Reh auf Heiden, wieder,
Mit Hand und Mund, als wär ich nie gewesen.
Verschenken kann sie sich, und wenn's Karl Gustav,
Der Schweden König, ist, so lob ich sie.
Ich will auf meine Güter gehn am Rhein,
Da will ich bauen, will ich niederreißen,
Dass mir der Schweiß herabtrieft, säen, ernten,
Als wär's für Weib und Kind, allein genießen,
Und, wenn ich erntete, von neuem säen,
Und in den Kreis herum das Leben jagen,

Bis es am Abend niedersinkt und stirbt.
DIE KURFÜRSTIN.
Wohlan! Kehr jetzt nur heim in dein Gefängnis,
Das ist die erste Fordrung meiner Gunst!
DER PRINZ VON HOMBURG *(steht auf und wendet sich zur Prinzessin).*
Du, armes Mädchen, weinst! Die Sonne leuchtet
Heut alle deine Hoffnungen zu Grab!
Entschieden hat dein erst Gefühl für mich,
Und deine Miene sagt mir, treu wie Gold,
Du wirst dich nimmer einem andern weihn.
Ja, was erschwing ich, Ärmster, das dich tröste?
Geh an den Main, rat ich, ins Stift der Jungfraun,
Zu deiner Base Thurn, such in den Bergen
Dir einen Knaben, blond gelockt wie ich,
Kauf ihn mit Gold und Silber dir, drück ihn
An deine Brust und lehr ihn: Mutter! stammeln,
Und wenn er größer ist, so unterweis ihn,
Wie man den Sterbenden die Augen schließt. –
Das ist das ganze Glück, das vor dir liegt!
NATALIE *(mutig und erhebend, indem sie aufsteht und ihre Hand in die seinige legt).*
Geh, junger Held, in deines Kerkers Haft,
Und, auf dem Rückweg, schau noch einmal ruhig
Das Grab dir an, das dir geöffnet wird!
Es ist nichts finsterer und um nichts breiter,
Als es dir tausendmal die Schlacht gezeigt!
Inzwischen werd ich, in den Tod dir treu,
Ein rettend Wort für dich dem Oheim wagen:
Vielleicht gelingt es mir, sein Herz zu rühren,
Und dich von allem Kummer zu befrein!
(Pause.)
DER PRINZ VON HOMBURG *(faltet, in ihrem Anschaun verloren, die Hände).*
Hätt'st du zwei Flügel, Jungfrau, an den Schultern,
Für einen Engel wahrlich hielt ich dich! –
O Gott, hört' ich auch recht? Du für mich sprechen?
– Wo ruhte denn der Köcher dir der Rede
Bis heute, liebes Kind, dass du willst wagen,
Den Herrn in solcher Sache anzugehn? –
– O Hoffnungslicht, das plötzlich mich erquickt!
NATALIE. Gott wird die Pfeile mir, die treffen, reichen! –
Doch wenn der Kurfürst des Gesetzes Spruch

Nicht ändern kann, nicht kann: wohlan! so wirst du
Dich tapfer ihm, der Tapfre, unterwerfen:
Und der im Leben tausendmal gesiegt,
Er wird auch noch im Tod zu siegen wissen!

DIE KURFÜRSTIN.
Hinweg! – Die Zeit verstreicht, die günstig ist!

DER PRINZ VON HOMBURG.
Nun, alle Heil'gen mögen dich beschirmen!
Leb wohl! Leb wohl! Und was du auch erringst,
Vergönne mir ein Zeichen vom Erfolg!

(Alle ab.)

VIERTER AKT

Szene: Zimmer des Kurfürsten.

ERSTER AUFTRITT

Der Kurfürst steht mit Papieren an einem mit Lichtern besetzten Tisch. – Natalie tritt durch die mittlere Tür auf und lässt sich in einiger Entfernung vor ihm nieder. – Pause.

NATALIE *(kniend).*
Mein edler Oheim, Friedrich von der Mark!
DER KURFÜRST *(legt die Papiere weg).*
Natalie! *(Er will sie erheben.)*
NATALIE. Lass, lass!
DER KURFÜRST. Was willst du, Liebe?
NATALIE. Zu deiner Füße Staub, wie's mir gebührt,
Für Vetter Homburg dich um Gnade flehn!
Ich will ihn nicht für mich erhalten wissen –
Mein Herz begehrt sein und gesteht es dir;
Ich will ihn nicht für mich erhalten wissen –
Mag er sich, welchem Weib er will, vermählen;
Ich will nur, dass er da sei, lieber Onkel,
Für sich, selbständig, frei und unabhängig,
Wie eine Blume, die mir wohl gefällt:
Dies fleh ich dich, mein höchster Herr und Freund,
Und weiß, solch Flehen wirst du mir erhören.
DER KURFÜRST *(erhebt sie).*
Mein Töchterchen! Was für ein Wort entfiel dir?
– Weißt du, was Vetter Homburg jüngst verbrach?
NATALIE. O lieber Onkel!
DER KURFÜRST. Nun? Verbrach er nichts?
NATALIE. O dieser Fehltritt, blond mit blauen Augen,
Den, eh er noch gestammelt hat: ich bitte!
Verzeihung schon vom Boden heben sollte:
Den wirst du nicht mit Füßen von dir weisen!
Den drückst du um die Mutter schon ans Herz,
Die ihn gebar, und rufst: „komm, weine nicht;
Du bist so wert mir, wie die Treue selbst!"
War's Eifer nicht, im Augenblick des Treffens,
Für deines Namens Ruhm, der ihn verführt,
Die Schranke des Gesetzes zu durchbrechen:
Und, ach! die Schranke jugendlich durchbrochen,

Trat er dem Lindwurm männlich nicht aufs Haupt?
Erst, weil er siegt', ihn kränzen, dann enthaupten,
Das fordert die Geschichte nicht von dir;
Das wäre so erhaben, lieber Onkel,
Dass man es fast unmenschlich nennen könnte:
Und Gott schuf noch nichts Milderes, als dich.
DER KURFÜRST. Mein süßes Kind! Sieh! Wär ich ein Tyrann,
Dein Wort, das fühl ich lebhaft, hätte mir
Das Herz schon in der erznen Brust geschmelzt.
Dich aber frag ich selbst: darf ich den Spruch,
Den das Gericht gefällt, wohl unterdrücken? –
Was würde wohl davon die Folge sein?
NATALIE.
Für wen? Für dich?
DER KURFÜRST. Für mich; nein! Was? Für mich!
Kennst du nichts Höh'res, Jungfrau, als nur mich?
Ist dir ein Heiligtum ganz unbekannt,
Das, in dem Lager, Vaterland sich nennt?
NATALIE. O Herr! Was sorgst du noch? Dies Vaterland!
Das wird, um dieser Regung deiner Gnade,
Nicht gleich, zerschellt in Trümmern, untergehn.
Vielmehr, was du, im Lager auferzogen,
Unordnung nennst, die Tat, den Spruch der Richter,
In diesem Fall, willkürlich zu zerreißen,
Erscheint mir als die schönste Ordnung erst:
Das Kriegsgesetz, das weiß ich wohl, soll herrschen,
Jedoch die lieblichen Gefühle auch.
Das Vaterland, das du uns gründetest,
Steht, eine feste Burg, mein edler Ohm:
Das wird ganz andre Stürme noch ertragen,
Fürwahr, als diesen unberufnen Sieg;
Das wird sich ausbaun herrlich, in der Zukunft,
Erweitern, unter Enkels Hand, verschönern,
Mit Zinnen, üppig, feenhaft, zur Wonne
Der Freunde, und zum Schrecken aller Feinde:
Das braucht nicht dieser Bindung, kalt und öd,
Aus eines Freundes Blut, um Onkels Herbst,
Den friedlich prächtigen, zu überleben.
DER KURFÜRST.
Denkt Vetter Homburg auch so?
NATALIE. Vetter Homburg?
DER KURFÜRST.
Meint er, dem Vaterlande gelt es gleich,

Ob Willkür drin, ob drin die Satzung herrsche?
NATALIE. Ach, dieser Jüngling!
DER KURFÜRST. Nun?
NATALIE. Ach, lieber Onkel! –
Hierauf zur Antwort hab ich nichts, als Tränen.
DER KURFÜRST *(betroffen)*.
Warum, mein Töchterchen? Was ist geschehn?
NATALIE *(zaudernd)*.
Der denkt jetzt nichts, als nur dies eine: Rettung!
Den schaun die Röhren, an der Schützen Schultern,
So grässlich an, dass, überrascht und schwindelnd,
Ihm jeder Wunsch, als nur zu leben, schweigt:
Der könnte, unter Blitz und Donnerschlag,
Das ganze Reich der Mark versinken sehn,
Dass er nicht fragen würde: was geschieht?
– Ach, welch ein Heldenherz hast du geknickt!
(Sie wendet sich und weint.)
DER KURFÜRST *(im äußersten Erstaunen)*.
Nein, meine teuerste Natalie,
Unmöglich, in der Tat?! – Er fleht um Gnade?
NATALIE. Ach, hätt'st du nimmer, nimmer ihn verdammt!
DER KURFÜRST.
Nein, sag: er fleht um Gnade? – Gott im Himmel,
Was ist geschehn, mein liebes Kind? Was weinst du?
Du sprachst ihn? Tu mir alles kund! Du sprachst ihn?
NATALIE *(an seine Brust gelehnt)*.
In den Gemächern eben jetzt der Tante,
Wohin, im Mantel, schau, und Federhut,
Er, unterm Schutz der Dämmrung, kam geschlichen:
Verstört und schüchtern, heimlich, ganz unwürdig,
Ein unerfreulich jammerswürd'ger Anblick!
Zu solchem Elend, glaubt' ich, sänke keiner,
Den die Geschicht als ihren Helden preist.
Schau her, ein Weib bin ich, und schaudere
Dem Wurm zurück, der meiner Ferse naht:
Doch so zermalmt, so fassungslos, so ganz
Unheldenmütig träfe mich der Tod
In eines scheußlichen Leun Gestalt nicht an!
– Ach, was ist Menschengröße, Menschenruhm!
DER KURFÜRST *(verwirrt)*.
Nun denn, beim Gott des Himmels und der Erde,
So fasse Mut, mein Kind; so ist er frei!
NATALIE. Wie, mein erlauchter Herr?

DER KURFÜRST. Er ist begnadigt! –
Ich will sogleich das Nöt'g' an ihn erlassen.
NATALIE. O Liebster! Ist es wirklich wahr?
DER KURFÜRST. Du hörst!
NATALIE. Ihm soll vergeben sein? Er stirbt jetzt nicht?
DER KURFÜRST.
Bei meinem Eid! Ich schwör's dir zu! Wo werd ich
Mich gegen solchen Kriegers Meinung setzen?
Die höchste Achtung, wie dir wohl bekannt,
Trag ich im Innersten für sein Gefühl:
Wenn er den Spruch für ungerecht kann halten,
Kassier ich die Artikel: er ist frei!
(Er bringt ihr einen Stuhl.)
Willst du, auf einen Augenblick, dich setzen?
(Er geht an den Tisch, setzt sich und schreibt. – Pause.)
NATALIE *(für sich).*
Ach, Herz, was klopfst du also an dein Haus?
DER KURFÜRST *(indem er schreibt).*
Der Prinz ist drüben noch im Schloss?
NATALIE. Vergib!
Er ist in seine Haft zurückgekehrt. –
DER KURFÜRST *(endigt und siegelt; hierauf kehrt er mit dem Brief wieder zur Prinzessin zurück).*
Fürwahr, mein Töchterchen, mein Nichtchen, weinte!
Und ich, dem ihre Freude anvertraut,
Musst' ihrer holden Augen Himmel trüben!
(Er legt den Arm um ihren Leib.)
Willst du den Brief ihm selber überbringen? –
NATALIE.
Ins Stadthaus! Wie?
DER KURFÜRST *(drückt ihr den Brief in die Hand).*
Warum nicht? – He! Heiducken!
Heiducken treten auf.
Den Wagen vorgefahren! Die Prinzessin
Hat ein Geschäft beim Obersten von Homburg!
(Die Heiducken treten wieder ab.)
So kann er, für sein Leben, gleich dir danken.
(Er umarmt sie.)
Mein liebes Kind! Bist du mir wieder gut?
NATALIE *(nach einer Pause).*
Was deine Huld, o Herr, so rasch erweckt,
Ich weiß es nicht und untersuch es nicht.
Das aber, sieh, das fühl ich in der Brust,

Unedel meiner spotten wirst du nicht:
Der Brief enthalte, was es immer sei,
Ich glaube Rettung – und ich danke dir!
(Sie küsst ihm die Hand.)
DER KURFÜRST. Gewiss, mein Töchterchen, gewiss! So sicher,
Als sie in Vetter Homburgs Wünschen liegt. *(Ab.)*

Szene: Zimmer der Prinzessin

ZWEITER AUFTRITT

Prinzessin Natalie tritt auf. – Zwei Hofdamen und der Rittmeister Graf Reuß folgen.

NATALIE *(eilfertig).*
Was bringt Ihr, Graf? – Von meinem Regiment?
Ist's von Bedeutung? Kann ich's morgen hören?
GRAF REUSS *(überreicht ihr ein Schreiben).*
Ein Brief vom Obrist Kottwitz, gnäd'ge Frau!
NATALIE. Geschwind! Gebt! Was enthält er?
(Sie eröffnet ihn.)
GRAF REUSS. Eine Bittschrift,
Freimütig, wie Ihr seht, doch ehrfurchtsvoll,
An die Durchlaucht des Herrn, zu unsers Führers,
Des Prinz von Homburg, Gunsten aufgesetzt.
NATALIE *(liest).* „Supplik, in Unterwerfung eingereicht,
Vom Regiment Prinzessin von Oranien." – *(Pause.)*
Die Bittschrift ist von wessen Hand verfasst?
GRAF REUSS. Wie ihrer Züg' unsichre Bildung schon
Erraten lässt, vom Obrist Kottwitz selbst. –
Auch steht sein edler Name obenan.
NATALIE. Die dreißig Unterschriften, welche folgen? –
GRAF REUSS. Der Offiziere Namen, Gnädigste,
Wie sie, dem Rang nach, Glied für Glied, sich folgen.
NATALIE. Und mir, mir wird die Bittschrift zugefertigt?
GRAF REUSS. Mein Fräulein, untertänigst Euch zu fragen,
Ob Ihr, als Chef, den ersten Platz, der offen,
Mit Eurem Namen gleichfalls füllen wollt.
(Pause.)
NATALIE. Der Prinz zwar, hör ich, soll, mein edler Vetter,
Vom Herrn, aus eignem Trieb, begnadigt werden,
Und eines solchen Schritts bedarf es nicht.

GRAF REUSS *(vergnügt).*
Wie? Wirklich?
NATALIE. Gleichwohl will ich unter einem Blatte,
Das, in des Herrn Entscheidung, klug gebraucht,
Als ein Gewicht kann in die Waage fallen,
Das ihm vielleicht, den Ausschlag einzuleiten,
Sogar willkommen ist, mich nicht verweigern –
Und, eurem Wunsch gemäß, mit meinem Namen,
Hiemit an eure Spitze setz ich mich.
(Sie geht und will schreiben.)
GRAF REUSS. Fürwahr, uns lebhaft werdet Ihr verbinden!
(Pause.)
NATALIE *(wendet sich wieder zu ihm).*
Ich finde nur m e i n Regiment, Graf Reuß! –
Warum vermiss ich Bomsdorf Kürassiere,
Und die Dragoner Götz und Anhalt-Pleß?
GRAF REUSS. Nicht, wie vielleicht Ihr sorgt, weil ihre Herzen
Ihm lauer schlügen, als die unsrigen! –
Es trifft ungünstig sich für die Supplik,
Dass Kottwitz fern in Arnstein kantoniert,
Gesondert von den andern Regimentern,
Die hier, bei dieser Stadt, im Lager stehn.
Dem Blatt fehlt es an Freiheit, leicht und sicher,
Die Kraft, nach jeder Richtung, zu entfalten.
NATALIE.
Gleichwohl fällt, dünkt mich, so das Blatt nur leicht? –
Seid Ihr gewiss, Herr Graf, wärt Ihr im Ort,
Und sprächt die Herrn, die hier versammelt sind,
Sie schlössen gleichfalls dem Gesuch sich an?
GRAF REUSS.
Hier in der Stadt, mein Fräulein? – Kopf für Kopf!
Die ganze Reuterei verpfändete
Mit ihren Namen sich; bei Gott, ich glaube,
Es ließe glücklich eine Subskription,
Beim ganzen Heer der Märker, sich eröffnen!
NATALIE *(nach einer Pause).*
Warum nicht schickt ihr Offiziere ab,
Die das Geschäft im Lager hier betreiben?
GRAF REUSS. Vergebt! – Dem weigerte der Obrist sich!
– Er wünsche, sprach er, nichts zu tun, das man
Mit einem übeln Namen taufen könnte. –
NATALIE. Der wunderliche Herr! Bald kühn, bald zaghaft! –
Zum Glück trug mir der Kurfürst, fällt mir ein,

Bedrängt von anderen Geschäften, auf,
An Kottwitz, dem die Stallung dort zu eng,
Zum Marsch hierher die Ordre zu erlassen! –
Ich setze gleich mich nieder, es zu tun.
(Sie setzt sich und schreibt.)
GRAF REUSS. Beim Himmel, trefflich, Fräulein! Ein Ereignis,
Das günst'ger sich dem Blatt nicht treffen könnte!
NATALIE *(während sie schreibt).*
Gebraucht's, Herr Graf von Reuß, so gut Ihr könnt.
(Sie schließt und siegelt, und steht wieder auf.)
Inzwischen bleibt, versteht! dies Schreiben noch
In Eurem Portefeuille; Ihr geht nicht eher
Damit nach Arnstein ab, und gebt's dem Kottwitz:
Bis ich bestimmtern Auftrag Euch erteilt!
(Sie gibt ihm das Schreiben.)
EIN HEIDUCK *(tritt auf).*
Der Wagen, Fräulein, auf des Herrn Befehl,
Steht angeschirrt im Hof und wartet Eu'r!
NATALIE. So fahrt ihn vor! Ich komme gleich herab!
(Pause, in welcher sie gedankenvoll an den Tisch tritt, und ihre Handschuh' anzieht.)
Wollt Ihr zum Prinz von Homburg mich, Herr Graf,
Den ich zu sprechen willens bin, begleiten?
Euch steht ein Platz in meinem Wagen offen.
GRAF REUSS. Mein Fräulein, diese Ehre, in der Tat –!
(Er bietet ihr den Arm.)
NATALIE *(zu den Hofdamen).*
Folgt, meine Freundinnen! – Vielleicht, dass ich
Gleich dort, des Briefes wegen, mich entscheide!
(Alle ab.)

Szene: Gefängnis des Prinzen.

DRITTER AUFTRITT

Der Prinz von Homburg hängt seinen Hut an die Wand und lässt sich nachlässig auf ein auf der Erde ausgebreitetes Kissen nieder.

DER PRINZ VON HOMBURG.
Das Leben nennt der Derwisch eine Reise,
Und eine kurze. Freilich! Von zwei Spannen

Diesseits der Erde nach zwei Spannen drunter.
Ich will auf halbem Weg mich niederlassen!
Wer heut sein Haupt noch auf der Schulter trägt,
Hängt es schon morgen zitternd auf den Leib,
Und übermorgen liegt's bei seiner Ferse.
Zwar, eine Sonne, sagt man, scheint dort auch,
Und über buntre Felder noch, als hier:
Ich glaub's! nur schade, dass das Auge modert,
Das diese Herrlichkeit erblicken soll.

VIERTER AUFTRITT

Prinzessin Natalie tritt auf, geführt von dem Rittmeister Graf Reuß. Hofdamen folgen. Ihnen voran tritt ein Läufer mit einer Fackel. – Der Prinz von Homburg.

LÄUFER. Durchlaucht Prinzessin von Oranien!
DER PRINZ VON HOMBURG *(steht auf)*.
Natalie!
LÄUFER. Hier ist sie selber schon.
NATALIE *(verbeugt sich gegen den Grafen)*.
Lasst uns, auf einen Augenblick, allein!
(Graf Reuß und der Läufer ab.)
DER PRINZ VON HOMBURG. Mein teures Fräulein!
NATALIE. Lieber, guter Vetter!
DER PRINZ VON HOMBURG *(führt sie vor)*.
Nun sagt, was bringt Ihr? Sprecht! Wie steht's mit mir?
NATALIE. Gut. Alles gut. Wie ich vorher Euch sagte,
Begnadigt seid Ihr, frei; hier ist ein Brief
Von seiner Hand, der es bekräftiget.
DER PRINZ VON HOMBURG.
Es ist nicht möglich! Nein! Es ist ein Traum!
NATALIE. Lest! Lest den Brief! So werdet Ihr's erfahren.
DER PRINZ VON HOMBURG *(liest)*.
„Mein Prinz von Homburg, als ich Euch gefangen setzte,
Um Eures Angriffs, allzu früh vollbracht,
Da glaubt' ich nichts, als meine Pflicht zu tun;
Auf Euren eignen Beifall rechnet' ich.
Meint Ihr, ein Unrecht sei Euch widerfahren,
So bitt ich, sagt's mir mit zwei Worten –
Und gleich den Degen schick ich Euch zurück."
(Natalie erblasst. Pause. Der Prinz sieht sie fragend an.)

NATALIE *(mit dem Ausdruck plötzlicher Freude).*
Nun denn, da steht's! Zwei Worte nur bedarf's –!
O lieber, süßer Freund! *(Sie drückt seine Hand.)*
DER PRINZ VON HOMBURG. Mein teures Fräulein!
NATALIE. O sel'ge Stunde, die mir aufgegangen! –
Hier, nehmt, hier ist die Feder; nehmt, und schreibt!
DER PRINZ VON HOMBURG.
Und hier die Unterschrift?
NATALIE. Das F; sein Zeichen! –
O Bork! O freut Euch doch! O seine Milde
Ist uferlos, ich wusst' es, wie die See. –
Schafft einen Stuhl nur her, er soll gleich schreiben.
DER PRINZ VON HOMBURG.
Er sagt, wenn ich der Meinung wäre –?
NATALIE *(unterbricht ihn).* Freilich!
Geschwind! Setzt Euch! Ich will es Euch diktieren.
(Sie setzt ihm einen Stuhl hin.)
DER PRINZ VON HOMBURG.
– Ich will den Brief noch einmal überlesen.
NATALIE *(reißt ihm den Brief aus der Hand).*
Wozu? – Saht Ihr die Gruft nicht schon im Münster,
Mit offnem Rachen, Euch entgegengähnen? –
Der Augenblick ist dringend. Sitzt und schreibt!
DER PRINZ VON HOMBURG *(lächelnd).*
Wahrhaftig, tut Ihr doch, als würde sie
Mir, wie ein Panther, übern Nacken kommen.
(Er setzt sich, und nimmt eine Feder.)
NATALIE *(wendet sich und weint).*
Schreibt, wenn Ihr mich nicht böse machen wollt!
(Der Prinz klingelt einem Bedienten; der Bediente tritt auf.)
Papier und Feder, Wachs und Petschaft mir!
(Der Bediente, nachdem er diese Sachen zusammengesucht, geht wieder ab. Der Prinz schreibt. – Pause.)
DER PRINZ VON HOMBURG *(indem er den Brief, den er angefangen hat, zerreißt und unter den Tisch wirft.)*
Ein dummer Anfang.
(Er nimmt ein anderes Blatt.)
NATALIE *(hebt den Brief auf).*
Wie? Was sagtet Ihr?
Mein Gott, das ist ja gut; das ist vortrefflich!
DER PRINZ VON HOMBURG *(in den Bart).*
Pah! – Eines Schuftes Fassung, keines Prinzen. –
Ich denk mir eine andre Wendung aus.

(Pause. – Er greift nach des Kurfürsten Brief, den die Prinzessin in der Hand hält.)

Was sagt er eigentlich im Briefe denn?
NATALIE *(ihn verweigernd)*.
Nichts, gar nichts!
DER PRINZ VON HOMBURG. Gebt!
NATALIE. Ihr last ihn ja!
DER PRINZ VON HOMBURG. Wenngleich!
– Ich will nur sehn, wie ich mich fassen soll.
(Er entfaltet und überliest ihn.)
NATALIE *(für sich)*.
O Gott der Welt! Jetzt ist's um ihn geschehn!
DER PRINZ VON HOMBURG *(betroffen)*.
Sieh da! Höchst wunderbar, so wahr ich lebe!
– Du übersahst die Stelle wohl?
NATALIE. Nein! – Welche?
DER PRINZ VON HOMBURG.
Mich selber ruft er zur Entscheidung auf!
NATALIE. Nun, ja!
DER PRINZ VON HOMBURG.
Recht wacker, in der Tat, recht würdig!
Recht, wie ein großes Herz sich fassen muss!
NATALIE. O seine Großmut, Freund, ist ohne Grenzen!
– Doch nun tu auch das deine du und schreib,
Wie er's begehrt; du siehst, es ist der Vorwand,
Die äußre Form nur, deren es bedarf:
Sobald er die zwei Wort' in Händen hat,
Flugs ist der ganze Streit vorbei!
DER PRINZ VON HOMBURG *(legt den Brief weg)*.
Nein, Liebe!
Ich will die Sach bis morgen überlegen.
NATALIE. Du Unbegreiflicher! Welch eine Wendung? –
Warum? Weshalb?
DER PRINZ VON HOMBURG *(erhebt sich leidenschaftlich vom Stuhl)*.
Ich bitte, frag mich nicht!
Du hast des Briefes Inhalt nicht erwogen!
Dass er mir unrecht tat, wie's mir bedingt wird,
Das kann ich ihm nicht schreiben; zwingst du mich,
Antwort, in dieser Stimmung, ihm zu geben,
Bei Gott! so setz ich hin: du tust mir Recht!
(Er lässt sich mit verschränkten Armen wieder an den Tisch nieder und sieht in den Brief.)

NATALIE *(bleich).*
Du Rasender! Was für ein Wort sprachst du?
(Sie beugt sich gerührt über ihn.)
DER PRINZ VON HOMBURG *(drückt ihr die Hand).*
Lass, einen Augenblick! Mir scheint – *(Er sinnt.)*
NATALIE. Was sagst du?
DER PRINZ VON HOMBURG.
Gleich werd ich wissen, wie ich schreiben soll.
NATALIE *(schmerzvoll).*
Homburg!
DER PRINZ VON HOMBURG *(nimmt die Feder).*
Ich hör! Was gibt's?
NATALIE. Mein süßer Freund!
Die Regung lob ich, die dein Herz ergriff.
Das aber schwör ich dir: das Regiment
Ist kommandiert, das dir Versenktem morgen,
Aus Karabinern, überm Grabeshügel,
Versöhnt die Totenfeier halten soll.
Kannst du dem Rechtsspruch, edel wie du bist,
Nicht widerstreben, nicht, ihn aufzuheben,
Tun, wie er's hier in diesem Brief verlangt:
Nun so versichr' ich dich, er fasst sich dir
Erhaben, wie die Sache steht, und lässt
Den Spruch mitleidsvoll morgen dir vollstrecken!
DER PRINZ VON HOMBURG *(schreibend).*
Gleichviel!
NATALIE. Gleichviel?
DER PRINZ VON HOMBURG. Er handle, wie er darf;
Mir ziemt's hier zu verfahren, wie ich soll!
NATALIE *(tritt erschrocken näher).*
Du Ungeheuerster, ich glaub, du schriebst?
DER PRINZ VON HOMBURG *(schließt).*
„Homburg; gegeben, Fehrbellin, am zwölften –";
Ich bin schon fertig. – Franz!
(Er kuvertiert und siegelt den Brief.)
NATALIE. O Gott im Himmel!
DER PRINZ VON HOMBURG *(steht auf).*
Bring diesen Brief aufs Schloss, zu meinem Herrn!
(Der Bediente ab.)
Ich will ihm, der so würdig vor mir steht,
Nicht, ein Unwürd'ger, gegenüber stehn!
Schuld ruht, bedeutende, mir auf der Brust,
Wie ich es wohl erkenne; kann er mir

Vergeben nur, wenn ich mit ihm drum streite,
So mag ich nichts von seiner Gnade wissen.

NATALIE *(küsst ihn).*
Nimm diesen Kuss! – Und bohrten gleich zwölf Kugeln
Dich jetzt in Staub, nicht halten könnt ich mich,
Und jauchzt und weint und spräche: du gefällst mir!
– Inzwischen, wenn du deinem Herzen folgst,
Ist's mir erlaubt, dem meinigen zu folgen.
– Graf Reuß!

(Der Läufer öffnet die Tür; der Graf tritt auf.)

GRAF REUSS. Hier!

NATALIE. Auf, mit Eurem Brief,
Nach Arnstein hin, zum Obersten von Kottwitz!
Das Regiment bricht auf, der Herr befiehlt's;
Hier, noch vor Mitternacht, erwart ich es!

(Alle ab.)

FÜNFTER AKT

Szene: Saal im Schloss.

ERSTER AUFTRITT

Der Kurfürst kommt halb entkleidet aus dem Nebenkabinett; ihm folgen Graf Truchß, Graf Hohenzollern und der Rittmeister von der Golz. – Pagen mit Lichtern.

DER KURFÜRST.
Kottwitz? Mit den Dragonern der Prinzessin?
Hier in der Stadt?
GRAF TRUCHSS *(öffnet das Fenster).*
Ja, mein erlauchter Herr!
Hier steht er vor dem Schlosse aufmarschiert.
DER KURFÜRST.
Nun? – Wollt ihr mir, ihr Herrn, dies Rätsel lösen?
– Wer rief ihn her?
HOHENZOLLERN. Das weiß ich nicht, mein Kurfürst.
DER KURFÜRST.
Der Standort, den ich ihm bestimmt, heißt Arnstein! –
Geschwind! Geh einer hin, und bring ihn her!
GOLZ. Er wird sogleich, o Herr, vor dir erscheinen!
DER KURFÜRST. Wo ist er?
GOLZ. Auf dem Rathaus, wie ich höre,
Wo die gesamte Generalität,
Die deinem Hause dient, versammelt ist.
DER KURFÜRST. Weshalb? Zu welchem Zweck?
HOHENZOLLERN. – Das weiß ich nicht.
GRAF TRUCHSS.
Erlaubt, mein Fürst und Herr, dass wir uns gleichfalls,
Auf einen Augenblick, dorthin verfügen?
DER KURFÜRST.
Wohin? Aufs Rathaus?
HOHENZOLLERN. In der Herrn Versammlung!
Wir gaben unser Wort, uns einzufinden.
DER KURFÜRST *(nach einer kurzen Pause).*
– Ihr seid entlassen!
GOLZ. Kommt, ihr werten Herrn!
(Die Offiziere ab.)

ZWEITER AUFTRITT

Der Kurfürst. – Späterhin zwei Bediente.

DER KURFÜRST. Seltsam! – Wenn ich der Dey von Tunis wäre,
Schlüg ich bei so zweideut'gem Vorfall Lärm.
Die seidne Schnur legt ich auf meinen Tisch;
Und vor das Tor, verrammt mit Pallisaden,
Führt ich Kanonen und Haubitzen auf.
Doch weil's Hans Kottwitz aus der Priegnitz ist,
Der sich mir naht, willkürlich, eigenmächtig,
So will ich mich auf märk'sche Weise fassen:
Von den drei Locken, die man, silberglänzig,
Auf seinem Schädel sieht, fass ich die eine,
Und führ ihn still, mit seinen zwölf Schwadronen,
Nach Arnstein, in sein Hauptquartier, zurück.
Wozu die Stadt aus ihrem Schlafe wecken?
(Nachdem er wieder einen Augenblick ans Fenster getreten, geht er an den Tisch und klingelt; zwei Bediente treten auf.)
DER KURFÜRST.
Spring doch herab und frag, als wär's für dich,
Was es im Stadthaus gibt.
ERSTER BEDIENTER. Gleich, mein Gebieter! *(Ab.)*
DER KURFÜRST *(zu dem andern).*
Du aber geh, und bring die Kleider mir!
(Der Bediente geht und bringt sie; der Kurfürst kleidet sich an, und legt seinen fürstlichen Schmuck an.)

DRITTER AUFTRITT

Feldmarschall Dörfling tritt auf. – Die Vorigen.

FELDMARSCHALL. Rebellion, mein Kurfürst!
DER KURFÜRST *(noch im Ankleiden beschäftigt)* Ruhig, ruhig!
Es ist verhasst mir, wie dir wohl bekannt,
In mein Gemach zu treten, ungemeldet!
– Was willst du?
FELDMARSCHALL. Herr, ein Vorfall – du vergibst! –
Führt von besonderem Gewicht mich her.
Der Obrist Kottwitz rückte, unbeordert,
Hier in die Stadt; an hundert Offiziere
Sind auf dem Rittersaal um ihn versammelt;

Es geht ein Blatt in ihrem Kreis herum,
Bestimmt in deine Rechte einzugreifen.
DER KURFÜRST. Es ist mir schon bekannt! – Was wird es sein,
Als eine Regung zu des Prinzen Gunsten,
Dem das Gesetz die Kugel zuerkannte.
FELDMARSCHALL.
So ist's! Beim höchsten Gott! Du hast's getroffen!
DER KURFÜRST. Nun gut! – So ist mein Herz in ihrer Mitte.
FELDMARSCHALL. Man sagt, sie wollten heut, die Rasenden!
Die Bittschrift noch im Schloss dir überreichen,
Und falls, mit unversöhntem Grimm, du auf
Den Spruch beharrst – kaum wag ich's dir zu melden! –
Aus seiner Haft ihn mit Gewalt befrein!
DER KURFÜRST *(finster).* Wer hat dir das gesagt?
FELDMARSCHALL. Wer mir das sagte?
Die Dame Retzow, der du trauen kannst,
Die Base meiner Frau! Sie war heut Abend
In ihres Ohms, des Drost von Retzow, Haus,
Wo Offiziere, die vom Lager kamen,
Laut diesen dreisten Anschlag äußerten.
DER KURFÜRST.
Das muss ein Mann mir sagen, eh ich's glaube!
Mit meinem Stiefel, vor sein Haus gesetzt,
Schütz ich vor diesen jungen Helden ihn!
FELDMARSCHALL. Herr, ich beschwöre dich, wenn's überall
Dein Wille ist, den Prinzen zu begnad'gen:
Tu's, eh ein höchstverhasster Schritt geschehn!
Jedwedes Heer liebt, weißt du, seinen Helden;
Lass diesen Funken nicht, der es durchglüht,
Ein heillos fressend Feuer um sich greifen.
Kottwitz weiß, und die Schar, die er versammelt,
Noch nicht, dass dich mein treues Wort gewarnt;
Schick, eh er noch erscheint, das Schwert dem Prinzen,
Schick's ihm, wie er's zuletzt verdient, zurück:
Du gibst der Zeitung eine Großtat mehr,
Und eine Untat weniger zu melden.
DER KURFÜRST.
Da müsst ich noch den Prinzen erst befragen,
Den Willkür nicht, wie dir bekannt sein wird,
Gefangen nahm und nicht befreien kann. –
Ich will die Herren, wenn sie kommen, sprechen.
FELDMARSCHALL *(für sich).*
Verwünscht! – Er ist jedwedem Pfeil gepanzert.

VIERTER AUFTRITT

Zwei Heiducken treten auf; der eine hält einen Brief in der Hand. – Die Vorigen.

ERSTER HEIDUCK.
Der Obrist Kottwitz, Hennings, Truchß und andre,
Erbitten sich Gehör!
DER KURFÜRST *(zu dem andern, indem er ihm den Brief aus der Hand nimmt).* Vom Prinz von Homburg?
ZWEITER HEIDUCK. Ja, mein erlauchter Herr!
DER KURFÜRST. Wer gab ihn dir?
ZWEITER HEIDUCK.
Der Schweizer, der am Tor die Wache hält,
Dem ihn des Prinzen Jäger eingehändigt.
DER KURFÜRST *(stellt sich an den Tisch und liest; nachdem dies geschehen ist, wendet er sich und ruft einem Pagen).*
Prittwitz! – Das Todesurteil bring mir her!
– Und auch den Pass, für Gustav Graf von Horn,
Den schwedischen Gesandten, will ich haben!
(Der Page ab; zu dem ersten Heiducken.)
Kottwitz, und sein Gefolg – sie sollen kommen!

FÜNFTER AUFTRITT

Obrist Kottwitz und Obrist Hennings, Graf Truchß, Graf Hohenzollern und Sparren, Graf Reuß, Rittmeister von der Golz und Stranz, und andre Obristen und Offiziere treten auf. – Die Vorigen.

OBRIST KOTTWITZ *(mit der Bittschrift).*
Vergönne, mein erhabner Kurfürst, mir,
Dass ich, im Namen des gesamten Heers,
In Demut dies Papier dir überreiche!
DER KURFÜRST. Kottwitz, bevor ich's nehme, sag mir an,
Wer hat dich her nach dieser Stadt gerufen?
KOTTWITZ *(sieht ihn an).*
Mit den Dragonern?
DER KURFÜRST. Mit dem Regiment! –
Arnstein hatt' ich zum Sitz dir angewiesen.
KOTTWITZ. Herr! Deine Ordre hat mich hergerufen.
DER KURFÜRST. Wie? – Zeig die Ordre mir!

KOTTWITZ. Hier, mein Gebieter.
DER KURFÜRST *(liest).* „Natalie. Gegeben Fehrbellin;
Im Auftrag meines höchsten Oheims Friedrich.“ –
KOTTWITZ.
Bei Gott, mein Fürst und Herr, ich will nicht hoffen,
Dass dir die Ordre fremd?
DER KURFÜRST. Nicht, nicht! Versteh mich –
Wer ist's, der dir die Ordre überbracht?
KOTTWITZ. Graf Reuß!
DER KURFÜRST *(nach einer augenblicklichen Pause).*
Vielmehr, ich heiße dich willkommen! –
Dem Obrist Homburg, dem das Recht gesprochen,
Bist du bestimmt, mit deinen zwölf Schwadronen,
Die letzten Ehren morgen zu erweisen.
KOTTWITZ *(erschrocken).*
Wie, mein erlauchter Herr?!
DER KURFÜRST *(indem er ihm die Ordre wiedergibt).*
Das Regiment
Steht noch, in Nacht und Nebel, vor dem Schloss?
KOTTWITZ. Die Nacht, vergib –
DER KURFÜRST. Warum rückt es nicht ein?
KOTTWITZ. Mein Fürst, es rückte ein; es hat Quartiere,
Wie du befahlst, in dieser Stadt bezogen!
DER KURFÜRST *(mit einer Wendung gegen das Fenster).*
Wie? Vor zwei Augenblicken – –? Nun, beim Himmel!
So hast du Ställe rasch dir ausgemittelt! –
Umso viel besser denn! Gegrüßt noch einmal!
Was führt dich her, sag an? Was bringst du Neues?
KOTTWITZ. Herr, diese Bittschrift deines treuen Heers.
DER KURFÜRST. Gib!
KOTTWITZ. Doch das Wort, das deiner Lipp entfiel,
Schlägt alle meine Hoffnungen zu Boden.
DER KURFÜRST. So hebt ein Wort auch wiederum sie auf.
(Er liest.)
„Bittschrift, die allerhöchste Gnad erflehend,
Für unsern Führer, peinlich angeklagt,
Den General, Prinz Friedrich Hessen-Homburg.“
(Zu den Offizieren.)
Ein edler Nam, ihr Herrn! Unwürdig nicht,
Dass ihr, in solcher Zahl, euch ihm verwendet!
(Er sieht wieder in das Blatt.)
Die Bittschrift ist verfasst von wem?
KOTTWITZ. Von mir.

DER KURFÜRST. Der Prinz ist von dem Inhalt unterrichtet?
KOTTWITZ. Nicht auf die fernste Weis! In unsrer Mitte
Ist sie empfangen und vollendet worden.
DER KURFÜRST. Gebt mir auf einen Augenblick Geduld.
(Er tritt an den Tisch und durchsieht die Schrift. – Lange Pause.)
Hm! Sonderbar! – Du nimmst, du alter Krieger,
Des Prinzen Tat in Schutz? Rechtfertigst ihn,
Dass er auf Wrangel stürzte, unbeordert?
KOTTWITZ. Ja, mein erlauchter Herr; das tut der Kottwitz!
DER KURFÜRST.
Der Meinung auf dem Schlachtfeld warst du nicht.
KOTTWITZ. Das hatt' ich schlecht erwogen, mein Gebieter!
Dem Prinzen, der den Krieg gar wohl versteht,
Hätt ich mich ruhig unterwerfen sollen.
Die Schweden wankten, auf dem linken Flügel,
Und auf dem rechten wirkten sie Sukkurs;
Hätt er auf deine Ordre warten wollen,
Sie fassten Posten wieder, in den Schluchten,
Und nimmermehr hätt'st du den Sieg erkämpft.
DER KURFÜRST. So! – Das beliebt dir so vorauszusetzen!
Den Obrist Hennings hatt' ich abgeschickt,
Wie dir bekannt, den schwed'schen Brückenkopf,
Der Wrangels Rücken deckt, hinwegzunehmen.
Wenn ihr die Ordre nicht gebrochen hättet,
Dem Hennings wäre dieser Schlag geglückt;
Die Brücken hätt er, in zwei Stunden Frist,
In Brand gesteckt, am Rhyn sich aufgepflanzt,
Und Wrangel wäre ganz, mit Stumpf und Stiel,
In Gräben und Morast, vernichtet worden.
KOTTWITZ. Es ist der Stümper Sache, nicht die deine,
Des Schicksals höchsten Kranz erringen wollen;
Du nahmst, bis heut, noch stets, was es dir bot.
Der Drache ward, der dir die Marken trotzig
Verwüstete, mit blut'gem Hirn verjagt:
Was konnte mehr an einem Tag geschehn?
Was liegt dir dran, ob er zwei Wochen noch
Erschöpft im Sand liegt, und die Wunden heilt?
Die Kunst jetzt lernten wir, ihn zu besiegen,
Und sind voll Lust, sie fürder noch zu üben:
Lass uns den Wrangel rüstig, Brust an Brust,
Noch einmal treffen, so vollendet sich's,
Und in die Ostsee ganz fliegt er hinab!

Rom ward an einem Tage nicht erbaut.
DER KURFÜRST. Mit welchem Recht, du Tor, erhoffst du das,
Wenn auf dem Schlachtenwagen, eigenmächtig,
Mir in die Zügel jeder greifen darf?
Meinst du, das Glück werd immerdar, wie jüngst,
Mit einem Kranz den Ungehorsam lohnen?
Den Sieg nicht mag ich, der, ein Kind des Zufalls,
Mir von der Bank fällt; das Gesetz will ich,
Die Mutter meiner Krone, aufrecht halten,
Die ein Geschlecht von Siegen mir erzeugt!
KOTTWITZ. Herr, das Gesetz, das höchste, oberste,
Das wirken soll in deiner Feldherrn Brust,
Das ist der Buchstab deines Willens nicht;
Das ist das Vaterland, das ist die Krone,
Das bist du selber, dessen Haupt sie trägt.
Was kümmert dich, ich bitte dich, die Regel,
Nach der der Feind sich schlägt: wenn er nur nieder
Vor dir, mit allen seinen Fahnen, sinkt?
Die Regel, die ihn schlägt, das ist die höchste!
Willst du das Heer, das glühend an dir hängt,
Zu einem Werkzeug machen, gleich dem Schwerte,
Das tot in deinem goldnen Gürtel ruht?
Der ärmste Geist, der, in den Sternen fremd,
Zuerst solch eine Lehre gab! Die schlechte,
Kurzsicht'ge Staatskunst, die, um eines Falles,
Da die Empfindung sich verderblich zeigt,
Zehn andere vergisst, im Lauf der Dinge,
Da die Empfindung einzig retten kann!
Schütt ich mein Blut dir, an dem Tag der Schlacht,
Für Sold, sei's Geld, sei's Ehre, in den Staub?
Behüte Gott, dazu ist es zu gut!
Was! Meine Lust hab, meine Freude ich,
Frei und für mich, im Stillen, unabhängig,
An deiner Trefflichkeit und Herrlichkeit,
Am Ruhm und Wachstum deines großen Namens!
Das ist der Lohn, dem sich mein Herz verkauft!
Gesetzt, um dieses unberufnen Siegs,
Brächst du dem Prinzen jetzt den Stab; und ich,
Ich träfe morgen, gleichfalls unberufen,
Den Sieg wo irgend zwischen Wald und Felsen,
Mit den Schwadronen, wie ein Schäfer, an:
Bei Gott, ein Schelm müsst ich doch sein, wenn ich
Des Prinzen Tat nicht munter wiederholte.

Und sprächst du, das Gesetzbuch in der Hand:
„Kottwitz, du hast den Kopf verwirkt!" – so sagt' ich:
Das wusst' ich, Herr; da nimm ihn hin, hier ist er:
Als mich ein Eid an deine Krone band
Mit Haut und Haar, nahm ich den Kopf nicht aus,
Und nichts dir gäb ich, was nicht dein gehörte!

DER KURFÜRST.
Mit dir, du alter, wunderlicher Herr,
Werd ich nicht fertig! Es besticht dein Wort
Mich, mit arglist'ger Rednerkunst gesetzt,
Mich, der, du weißt, dir zugetan, und einen
Sachwalter ruf ich mir, den Streit zu enden,
Der meine Sache führt!
Er klingelt, ein Bedienter tritt auf.
Der Prinz von Homburg –
Man führ aus dem Gefängnis ihn hierher!
(Der Bediente ab.)
Der wird dich lehren, das versichr' ich dich,
Was Kriegszucht und Gehorsam sei! Ein Schreiben
Schickt' er mir mindstens zu, das anders lautet,
Als der spitzfünd'ge Lehrbegriff der Freiheit,
Den du hier, wie ein Knabe, mir entfaltet.
(Er stellt sich an den Tisch und liest.)

KOTTWITZ *(erstaunt).*
Wen holt –? Wen ruft –?

OBRIST HENNINGS. Ihn selber?

GRAF TRUCHSS. Nein, unmöglich!

(Die Offiziere treten unruhig zusammen und sprechen miteinander.)

DER KURFÜRST. Von wem ist diese zweite Zuschrift hier?

HOHENZOLLERN.
Von mir, mein Fürst!

DER KURFÜRST *(liest).* „Beweis, dass Kurfürst Friedrich
Des Prinzen Tat selbst" – – Nun, beim Himmel!
Das nenn ich keck!
Was! Die Veranlassung, du wälzest sie des Frevels,
Den er sich in der Schlacht erlaubt, auf mich?

HOHENZOLLERN.
Auf dich, mein Kurfürst, ja; ich, Hohenzollern!

DER KURFÜRST. Nun denn, bei Gott, das übersteigt die Fabel!
Der eine zeigt mir, dass nicht schuldig er,
Der andre gar mir, dass der Schuld'ge ich! –
Womit wirst solchen Satz du mir beweisen?

HOHENZOLLERN.
Du wirst dich jener Nacht, o Herr, erinnern,
Da wir den Prinzen, tief versenkt im Schlaf,
Im Garten unter den Platanen fanden:
Vom Sieg des nächsten Tages mocht' er träumen,
Und einen Lorbeer hielt er in der Hand.
Du, gleichsam um sein tiefstes Herz zu prüfen,
Nahmst ihm den Kranz hinweg, die Kette schlugst du,
Die dir vom Hals hängt, lächelnd um das Laub;
Und reichtest Kranz und Kette, so verschlungen,
Dem Fräulein, deiner edlen Nichte, hin.
Der Prinz steht, bei so wunderbarem Anblick,
Errötend auf; so süße Dinge will er,
Und von so lieber Hand gereicht, ergreifen:
Du aber, die Prinzessin rückwärts führend,
Entziehst dich eilig ihm; die Tür empfängt dich,
Jungfrau und Kett und Lorbeerkranz verschwinden,
Und einsam – einen Handschuh in der Hand,
Den er, nicht weiß er selber, wem? entrissen –
Im Schoß der Mitternacht, bleibt er zurück.
DER KURFÜRST.
Welch einen Handschuh?
HOHENZOLLERN. Herr, lass mich vollenden! –
Die Sache war ein Scherz; jedoch von welcher
Bedeutung ihm, das lernt' ich bald erkennen;
Denn, da ich, durch des Gartens hintre Pforte,
Jetzt zu ihm schleich, als wär's von ohngefähr,
Und ihn erweck, und er die Sinne sammelt:
Gießt die Erinnrung Freude über ihn;
Nichts Rührenders, fürwahr, kannst du dir denken!
Den ganzen Vorfall, gleich, als wär's ein Traum,
Trägt er, bis auf den kleinsten Zug, mir vor;
So lebhaft, meint' er, hab er nie geträumt –:
Und fester Glaube baut sich in ihm auf,
Der Himmel hab ein Zeichen ihm gegeben:
Es werde alles, was sein Geist gesehn,
Jungfrau und Lorbeerkranz und Ehrenschmuck,
Gott, an dem Tag der nächsten Schlacht, ihm schenken.
DER KURFÜRST.
Hm! Sonderbar! – Und jener Handschuh –?
HOHENZOLLERN. Ja –
Dies Stück des Traums, das ihm verkörpert ward,
Zerstört zugleich und kräftigt seinen Glauben.

Zuerst, mit großem Aug, sieht er ihn an –
Weiß ist die Farb, er scheint, nach Art und Bildung,
Von einer Dame Hand – doch weil er keine
Zu Nacht, der er entnommen könnte sein,
Im Garten sprach, – durchkreuzt, in seinem Dichten,
Von mir, der zur Parol aufs Schloss ihn ruft,
Vergisst er, was er nicht begreifen kann,
Und steckt zerstreut den Handschuh ins Kollett.

DER KURFÜRST. Nun? Drauf?

HOHENZOLLERN. Drauf tritt er nun mit Stift und Tafel
Ins Schloss, aus des Feldmarschalls Mund, in frommer
Aufmerksamkeit, den Schlachtbefehl zu hören;
Die Fürstin und Prinzessin, reisefertig,
Befinden grad im Herrensaal sich auch.
Doch wer ermisst das ungeheure Staunen,
Das ihn ergreift, da die Prinzess den Handschuh,
Den er sich ins Kollett gesteckt, vermisst!
Der Marschall ruft, zu wiederholten Malen:
„Herr Prinz von Homburg!“ – „Was befiehlt mein Marschall?“,
Entgegnet er, und will die Sinne sammeln;
Doch er, von Wundern ganz umringt – –: der Donner
Des Himmels hätte niederfallen können – –!

(Er hält inne.)

DER KURFÜRST. War's der Prinzessin Handschuh?

HOHENZOLLERN. Allerdings!

(Der Kurfürst fällt in Gedanken.)

HOHENZOLLERN *(fährt fort).*
Ein Stein ist er; den Bleistift in der Hand,
Steht er zwar da und scheint ein Lebender;
Doch die Empfindung, wie durch Zauberschläge,
In ihm verlöscht; und erst am andern Morgen,
Da das Geschütz schon in den Reihen donnert,
Kehrt er ins Dasein wieder und befragt mich:
„Liebster, was hat schon Dörfling, sag mir's, gestern,
Beim Schlachtbefehl, mich treffend, vorgebracht?“

FELDMARSCHALL.
Herr, die Erzählung, wahrlich, unterschreib ich!
Der Prinz, erinnr' ich mich, von meiner Rede
Vernahm kein Wort; zerstreut sah ich ihn oft,
Jedoch in solchem Grad abwesend ganz
Aus seiner Brust, noch nie, als diesen Tag.

DER KURFÜRST.
Und nun, wenn ich dich anders recht verstehe,

Türmst du, wie folgt, ein Schlussgebäu mir auf:
Hätt ich, mit dieses jungen Träumers Zustand,
Zweideutig nicht gescherzt, so blieb er schuldlos:
Bei der Parole wär er nicht zerstreut,
Nicht widerspenstig in der Schlacht gewesen.
Nicht? Nicht? Das ist die Meinung?

HOHENZOLLERN. Mein Gebieter,
Das überlass ich jetzt dir, zu ergänzen.

DER KURFÜRST.
Tor, der du bist, Blödsinniger! Hättest du
Nicht in den Garten mich herabgerufen,
So hätt ich, einem Trieb der Neugier folgend,
Mit diesem Träumer harmlos nicht gescherzt.
Mithin behaupt ich, ganz mit gleichem Recht,
Der sein Versehn veranlasst hat, warst du! –
Die delph'sche Weisheit meiner Offiziere!

HOHENZOLLERN.
Es ist genug, mein Kurfürst! Ich bin sicher,
Mein Wort fiel, ein Gewicht, in deine Brust!

SECHSTER AUFTRITT

Ein Offizier tritt auf. – Die Vorigen.

DER OFFIZIER.
Der Prinz, o Herr, wird augenblicks erscheinen!

DER KURFÜRST. Wohlan! Lasst ihn herein.

DER OFFIZIER. In zwei Minuten! –
Er ließ nur flüchtig, im Vorübergehn,
Durch einen Pförtner sich den Kirchhof öffnen.

DER KURFÜRST.
Den Kirchhof?

OFFIZIER. Ja, mein Fürst und Herr!

DER KURFÜRST. Weshalb?

OFFIZIER. Die Wahrheit zu gestehn, ich weiß es nicht;
Es schien, das Grabgewölb wünscht er zu sehen,
Das dein Gebot ihm dort eröffnen ließ.
(Die Obersten treten zusammen und sprechen miteinander.)

DER KURFÜRST. Gleichviel! Sobald er kömmt, lasst ihn herein.
(Er tritt wieder an den Tisch und sieht in die Papiere.)

GRAF TRUCHSS. Da führt die Wache schon den Prinzen her.

SIEBENTER AUFTRITT

Der Prinz von Homburg tritt auf. Ein Offizier mit Wache. – Die Vorigen.

DER KURFÜRST.
Mein junger Prinz, Euch ruf ich mir zu Hülfe!
Der Obrist Kottwitz bringt, zu Gunsten Eurer,
Mir dieses Blatt hier, schaut, in langer Reihe
Von hundert Edelleuten unterzeichnet;
Das Heer begehre, heißt es, Eure Freiheit
Und billige den Spruch des Kriegsrechts nicht. –
Lest, bitt ich, selbst, und unterrichtet Euch!
(Er gibt ihm das Blatt.)

DER PRINZ VON HOMBURG *(nachdem er einen Blick hineingetan, wendet sich, und sieht sich im Kreis der Offiziere um).*
Kottwitz, gib deine Hand mir, alter Freund!
Du tust mir mehr, als ich, am Tag der Schlacht,
Um dich verdient! Doch jetzt geschwind geh hin
Nach Arnstein wiederum, von wo du kamst,
Und rühr dich nicht; ich hab's mir überlegt,
Ich will den Tod, der mir erkannt, erdulden!
(Er übergibt ihm die Schrift.)

KOTTWITZ *(betroffen).*
Nein, nimmermehr, mein Prinz! Was sprichst du da?

HOHENZOLLERN.
Er will den Tod –?

GRAF TRUCHSS. Er soll und darf nicht sterben!

MEHRERE OFFIZIERE *(vordringend).*
Mein Herr und Kurfürst! Mein Gebieter! Hör uns!

DER PRINZ VON HOMBURG.
Ruhig! Es ist mein unbeugsamer Wille!
Ich will das heilige Gesetz des Kriegs,
Das ich verletzt im Angesicht des Heers,
Durch einen freien Tod verherrlichen!
Was kann der Sieg euch, meine Brüder, gelten,
Der eine, dürftige, den ich vielleicht
Dem Wrangel noch entreiße, dem Triumph
Verglichen, über den verderblichsten
Der Feind' in uns, den Trotz, den Übermut,
Errungen glorreich morgen? Es erliege
Der Fremdling, der uns unterjochen will,
Und frei, auf mütterlichem Grund, behaupte

Der Brandenburger sich; denn sein ist er,
Und seiner Fluren Pracht nur ihm erbaut!

KOTTWITZ *(gerührt)*.
Mein Sohn! Mein liebster Freund! Wie nenn ich dich?

GRAF TRUCHSS. O Gott der Welt!

KOTTWITZ. Lass deine Hand mich küssen!

(Sie drängen sich um ihn.)

DER PRINZ VON HOMBURG *(wendet sich zum Kurfürsten)*.
Doch dir, mein Fürst, der einen süßern Namen
Dereinst mir führte, leider jetzt verscherzt:
Dir leg ich tief bewegt zu Füßen mich!
Vergib, wenn ich, am Tage der Entscheidung,
Mit übereiltem Eifer dir gedient:
Der Tod wäscht jetzt von jeder Schuld mich rein.
Lass meinem Herzen, das versöhnt und heiter
Sich deinem Rechtsspruch unterwirft, den Trost,
Dass deine Brust auch jedem Groll entsagt:
Und in der Abschiedsstunde, des zum Zeichen,
Bewill'ge huldreich eine Gnade mir!

DER KURFÜRST.
Sprich, junger Held! Was ist's, das du begehrst?
Mein Wort verpfänd ich dir und Ritterehre,
Was es auch sei, es ist dir zugestanden!

DER PRINZ VON HOMBURG.
Erkauf, o Herr, mit deiner Nichte Hand
Von Gustav Karl den Frieden nicht! Hinweg
Mit diesem Unterhändler aus dem Lager,
Der solchen Antrag ehrlos dir gemacht:
Mit Kettenkugeln schreib die Antwort ihm!

DER KURFÜRST *(küsst seine Stirn)*.
Sei's, wie du sagst! Mit diesem Kuss, mein Sohn,
Bewill'g' ich diese letzte Bitte dir!
Was auch bedarf es dieses Opfers noch,
Vom Missglück nur des Kriegs mir abgerungen;
Blüht doch aus jedem Wort, das du gesprochen,
Jetzt mir ein Sieg auf, der zu Staub ihn malmt!
Prinz Homburgs Braut sei sie, werd ich ihm schreiben,
Der Fehrbellins halb dem Gesetz verfiel,
Und seinem Geist, tot vor den Fahnen schreitend,
Kämpf er, auf dem Gefild der Schlacht, sie ab!

(Er küsst ihn noch einmal und erhebt ihn.)

DER PRINZ VON HOMBURG.
Nun sieh, jetzt schenktest du das Leben mir!

Nun fleh ich jeden Segen dir herab,
Den, von dem Thron der Wolken, Seraphim
Auf Heldenhäupter jauchzend niederschütten:
Geh und bekrieg, o Herr, und überwinde
Den Weltkreis, der dir trotzt – denn du bist's wert!
DER KURFÜRST. Wache! Führt ihn zurück in sein Gefängnis!

ACHTER AUFTRITT

Natalie und die Kurfürstin zeigen sich unter der Tür. Hofdamen folgen. – Die Vorigen.

NATALIE. O Mutter, lass! Was sprichst du mir von Sitte?
Die höchst, in solcher Stund, ist ihn zu lieben!
– Mein teurer, unglücksel'ger Freund!
DER PRINZ VON HOMBURG *(reißt sich los).* Hinweg!
GRAF TRUCHSS *(hält ihn).*
Nein, nimmermehr, mein Prinz!
(Mehrere Offiziere treten ihm in den Weg.)
DER PRINZ VON HOMBURG. Führt mich hinweg!
HOHENZOLLERN.
Mein Kurfürst, kann dein Herz –?
DER PRINZ VON HOMBURG *(reißt sich los).*
Tyrannen, wollt ihr
Hinaus an Ketten mich zum Richtplatz schleifen?
Fort! – Mit der Welt schloss ich die Rechnung ab!
(Ab, mit Wache.)
NATALIE *(indem sie sich an die Brust der Tante legt).*
O Erde, nimm in deinen Schoß mich auf!
Wozu das Licht der Sonne länger schauen?

NEUNTER AUFTRITT

Die Vorigen ohne den Prinzen von Homburg.

FELDMARSCHALL.
O Gott der Welt! Musst' es bis dahin kommen!
(Der Kurfürst spricht heimlich und angelegentlich mit einem Offizier.)
KOTTWITZ *(kalt).*
Mein Fürst und Herr, nach dem, was vorgefallen,

Sind wir entlassen?
DER KURFÜRST. Nein! Zur Stund noch nicht!
Dir sag ich's an, wenn du entlassen bist!
(Er fixiert ihn eine Weile mit den Augen; alsdann nimmt er die Papiere, die ihm der Page gebracht hat, vom Tisch, und wendet sich damit zum Feldmarschall.)
Hier diesen Pass dem schwed'schen Grafen Horn!
Es wär des Prinzen, meines Vetters, Bitte,
Die ich verpflichtet wäre zu erfüllen;
Der Krieg heb in drei Tagen wieder an!
(Pause. – Er wirft einen Blick in das Todesurteil.)
Ja, urteilt selbst, ihr Herrn! Der Prinz von Homburg
Hat im verflossnen Jahr, durch Trotz und Leichtsinn,
Um zwei der schönsten Siege mich gebracht;
Den dritten auch hat er mir schwer gekränkt.
Die Schule dieser Tage durchgegangen,
Wollt ihr's zum vierten Male mit ihm wagen?
KOTTWITZ und TRUCHSS *(durcheinander).*
Wie, mein vergöttert – angebeteter –?
DER KURFÜRST. Wollt ihr? Wollt ihr?
OBRIST KOTTWITZ. Bei dem lebend'gen Gott,
Du könntest an Verderbens Abgrund stehn,
Dass er, um dir zu helfen, dich zu retten,
Auch nicht das Schwert mehr zückte, ungerufen!
DER KURFÜRST *(zerreißt das Todesurteil).*
So folgt, ihr Freunde, in den Garten mir!
(Alle ab.)

Szene: Schloss, mit der Rampe, die in den Garten hinabführt; wie im ersten Akt. – Es ist wieder Nacht.

ZEHNTER AUFTRITT

Der Prinz von Homburg wird vom Rittmeister Stranz mit verbundenen Augen durch das untere Gartengitter aufgeführt. Offiziere mit Wache. – In der Ferne hört man Trommeln des Totenmarsches.

DER PRINZ VON HOMBURG.
Nun, o Unsterblichkeit, bist du ganz mein!
Du strahlst mir, durch die Binde meiner Augen,
Mit Glanz der tausendfachen Sonne zu!

Es wachsen Flügel mir an beiden Schultern,
Durch stille Ätherräume schwingt mein Geist;
Und wie ein Schiff, vom Hauch des Winds entführt,
Die muntre Hafenstadt versinken sieht,
So geht mir dämmernd alles Leben unter:
Jetzt unterscheid ich Farben noch und Formen,
Und jetzt liegt Nebel alles unter mir.

(Der Prinz setzt sich auf die Bank, die in der Mitte des Platzes, um die Eiche, aufgeschlagen ist; der Rittmeister Stranz entfernt sich von ihm, und sieht nach der Rampe hinauf.)

DER PRINZ VON HOMBURG.
Ach, wie die Nachtviole lieblich duftet!
(Stranz kommt wieder zu ihm zurück.)
– Spürst du es nicht?

STRANZ. Es sind Levkoj'n und Nelken.

DER PRINZ VON HOMBURG.
Levkoj'n? – Wie kommen die hierher?

STRANZ. Ich weiß nicht. –
Es scheint, ein Mädchen hat sie hier gepflanzt.
– Kann ich dir eine Nelke reichen?

DER PRINZ VON HOMBURG. Lieber! –
Ich will zu Hause sie in Wasser setzen.

EILFTER AUFTRITT

Der Kurfürst mit dem Lorbeerkranz, um welchen die goldne Kette geschlungen ist, Kurfürstin, Prinzessin Natalie, Feldmarschall Dörfling, Obrist Kottwitz, Hohenzollern, Golz u.s.w., Hofdamen, Offiziere und Fackeln erscheinen auf der Rampe des Schlosses. – Hohenzollern tritt, mit einem Tuch, an das Geländer und winkt dem Rittmeister Stranz; worauf dieser den Prinzen von Homburg verlässt, und im Hintergrund mit der Wache spricht.

DER PRINZ VON HOMBURG.
Lieber, was für ein Glanz verbreitet sich?

STRANZ *(kehrt zu ihm zurück)*.
Mein Prinz, willst du gefällig dich erheben?

DER PRINZ VON HOMBURG.
Was gibt es?

STRANZ. Nichts, das dich erschrecken dürfte! –
Die Augen bloß will ich dir wieder öffnen.

DER PRINZ VON HOMBURG.
Schlug meiner Leiden letzte Stunde?
STRANZ. Ja! –
Heil dir und Segen, denn du bist es wert!

(Der Kurfürst gibt den Kranz, an welchem die Kette hängt, der Prinzessin, nimmt sie bei der Hand und führt sie die Rampe herab. Herren und Damen folgen. Die Prinzessin tritt, umgeben von Fackeln, vor den Prinzen, welcher erstaunt aufsteht; setzt ihm den Kranz auf, hängt ihm die Kette um, und drückt seine Hand an ihr Herz. Der Prinz fällt in Ohnmacht.)

NATALIE. Himmel! Die Freude tötet ihn!
HOHENZOLLERN *(fasst ihn auf).* Zu Hülfe!
DER KURFÜRST. Lasst den Kanonendonner ihn erwecken!

(Kanonenschüsse. Ein Marsch. Das Schloss erleuchtet sich.)

KOTTWITZ.
Heil, Heil dem Prinz von Homburg!
DIE OFFIZIERE. Heil! Heil! Heil!
ALLE. Dem Sieger in der Schlacht bei Fehrbellin!

(Augenblickliches Stillschweigen.)

DER PRINZ VON HOMBURG.
Nein, sagt! Ist es ein Traum?
KOTTWITZ. Ein Traum, was sonst?
MEHRERE OFFIZIERE.
Ins Feld! Ins Feld!
GRAF TRUCHSS. Zur Schlacht!
FELDMARSCHALL. Zum Sieg! Zum Sieg!
ALLE. In Staub mit allen Feinden Brandenburgs!

NACHWORT

Anfang Februar 1810 kehrte Kleist nach Berlin zurück, wo auch die königliche Familie nach Abzug der Franzosen seit Ende 1809 wieder residierte. Für Preußen ist es die Zeit der „stillen Mobilmachung aller aufbauenden Kräfte". Hardenberg und Scharnhorst, Fichte, Arnim, Fouqué, der Buchhändler Reimer u. a. wirkten damals in Berlin für die Erneuerung des sozialen, militärischen und geistigen Lebens.

Als Kleist in diesen letzten Jahren seines ruhelosen Daseins mit dem „Prinzen von Homburg" – nach der Gestaltung ferner und fremdartiger Schicksale (Robert Guiskard, Penthesilea, Hermannsschlacht) – ein Ereignis aus der vaterländischen Geschichte dramatisierte, glaubte er mit diesem Beitrag den Hof und das Publikum leicht zu gewinnen.

Der Große Kurfürst war eine populäre Figur. Auf der Langen Brücke in Berlin stand Schlüters Reiterdenkmal. Iffland hatte Schiller ein Ereignis aus seinem Leben als Dramenstoff empfohlen, und zwei Berliner Maler gewannen auf der Ausstellung des Jahres 1800 die Preise der Berliner Akademie mit Darstellungen aus der Geschichtslegende, die schon merkwürdig früh die geschichtlichen Tatsachen aus dem Leben des Kurfürsten umspielt hatte. Diese Legenden von Frobens Opfertod und dem Ungehorsam des Prinzen von Homburg und seiner Versöhnung mit dem Kurfürsten auf dem Schlachtfeld von Fehrbellin fanden sich an sehr gewichtiger Stelle verzeichnet: in der Schrift Friedrichs des Großen von 1751 „Mémoires pour servir á l'histoire de la maison de Brandebourg", den „Brandenburgischen Denkwürdigkeiten".

Kleist hat diese „Denkwürdigkeiten" gekannt; er entnimmt ihnen für sein Drama die durch die Legende vorgeformten Figuren und Vorgänge. Aber er macht aus den populären Idealfiguren der Legende wieder lebendige Menschen, die in einer neuen poetischen Wirklichkeit ihren Lebensraum finden – unter dem bestimmenden Eindruck der „höheren Schauplätze" in den Dramen Schillers, dessen „Wallenstein" Kleist lange beschäftigt hat. Diese neue poetische Wirklichkeit ist so stark, dass sie heute unsere Vorstellung von der Persönlichkeit des Prinzen von Homburg allein bestimmt.

Aber die Zeitgenossen hatten damals eine andere Auffassung vom Preußentum und von seinen Helden. Die neue Wirklichkeit, die Kleist vor sie hinstellte, erregte nur Befremden: Bühne und Verleger versagten sich diesem Werk!

Erst 1821 – zehn Jahre nach Kleists Tod – erreicht Tieck die Drucklegung des Dramas, das er in Kleists Nachlass vorgefunden hatte. In demselben Jahr erfolgt durch Tiecks Bemühung die erste Aufführung in Dresden. Mehr Erfolg hat die Aufführung im März 1822 in Hamburg unter Friedrich Ludwig Schmidt. In Berlin kommt es erst 1828 zu einer Aufführung, der bald ein königliches Verbot folgt, das erst unter Friedrich Wilhelm IV. aufgehoben wird! Auch in Wien verkennt man lange die Bedeutung des Werkes, bis 1849 in der Wiener „Reichszeitung" Hebbels verständnisvolle Kritik erscheint.

GESCHICHTE UND LEGENDE

Die Welt der poetischen Wirklichkeit ist nur aus sich selbst heraus zu verstehen. Die historische Wirklichkeit und die Legende liefern ihr nur den Stoff, den der Dichter mit eigenem Leben erfüllt.

Friedrich der Große berichtet in seinen „Brandenburgischen Denkwürdigkeiten", wie der Prinz von Homburg den Befehl erhält, mit einer Reiterabteilung „den Feind zu erkunden, ohne sich auf einen Kampf einzulassen". Aber das Temperament des Prinzen lässt ihn diesen Befehl vergessen; er stellt sich zu einem gefährlichen Kampf, der nur durch die Hilfe des Kurfürsten schließlich mit dem Sieg endet. Nach der Schlacht verzeiht der Kurfürst dem Prinzen mit den Worten: „Nach der Strenge der militärischen Gesetze hättet Ihr den Tod verdient; aber Gott bewahre mich davor, den Glanz eines so glücklichen Tages durch das vergossene Blut eines Prinzen zu trüben, der eines der vornehmsten Werkzeuge meines Sieges gewesen ist." An derselben Stelle wird auch die Geschichte von dem Opfertod des Stallmeisters Froben erzählt.

Das sind die Legenden, die Kleist für sein Schauspiel benutzt hat. Wir stellen zum Vergleich dagegen ein meisterhaftes historisches Porträt des Prinzen von Theodor Fontane aus den „Wanderungen durch die Mark Brandenburg". In der lokalgeschichtlichen Studie über Neustadt an der Dosse schildert Fontane sachlich und nüchtern den Prinzen als tüchtigen Gutsherrn und Kolonisator und als verdienten Soldaten und ergänzt dieses Bild durch zwei sehr aufschlussreiche Briefe im originalen Wortlaut.

FONTANE: PRINZ FRIEDRICH VON HESSEN-HOMBURG

Nehmt den besten Reiterhaufen,
Folgt dem Feind und macht ihn laufen,
Aber lasst euch nicht verleiten,
Ernstlich euch herumzustreiten.

Prinz Friedrich von Hessen-Homburg, dies sei voraus bemerkt, war vor allem nicht der, als der er uns in dem Heinrich von Kleistschen Schauspiel entgegentritt. Der Heinrich von Kleistsche und der historische Prinz von Homburg verhalten sich zu einander wie der goethesche und der historische Egmont. Sie waren in der Zeit, wo sie hervortraten, keine Liebhaber und keine Leichtfüße mehr, vielmehr ernste Leute von mittleren Jahren und reichem Kindersegen, überhaupt ebenso gute Ehemänner wie Patrioten.

Unser Prinz Friedrich ward am 9. Juni 1633 geboren. Er war der zweite Sohn des Landgrafen Friedrich von Hessen, des Stifters der Homburgischen Linie. Er trat jung in schwedischen Dienst, war 1659 mit vor Kopenhagen und verlor bei dieser Belagerung ein Bein. Dasselbe wurde künstlich ersetzt, weshalb er seitdem der „Prinz mit dem silbernen Bein" hieß. Neben Götz von Berlichingen wohl der einzige Fall einer derartigen Namensgebung. Die Belagerung von Kopenhagen fiel in die glänzende Regierungszeit Karl Gustavs von Schweden, nach dessen plötzlichem Tode, 1660, unser Homburger Prinz sich zurückgesetzt fühlte, weshalb er denn auch den Abschied nahm. Wahrscheinlich 1661.

Um eben diese Zeit (1661) hatte er sich mit der Gräfin Margarete Brahe, die übrigens bereits Witwe zweier Grafen Oxenstierna war, vermählt, und übersiedelte nach Weferlingen, einem schönen Gute im Magdeburgischen, das ihm durch seine Gemahlin zugebracht worden war. Hier, von Weferlingen aus, kam er an den Berliner Hof, trat in die Armee des Kurfürsten, erhielt ein Regiment und wurde später, 1770, zum General der Kavallerie erhoben.

Ziemlich gleichzeitig mit seinem Eintritt in unsere Armee hatte er sich auch im Brandenburgischen ansässig gemacht und Amt Neustadt, das, wie wir wissen, seit 1644 in Händen des Grafen Hans Christoph von Königsmarck war, von eben diesem erstanden. Dies war 1662. Er nahm nun, wenigstens zeitweilig, seinen Aufenthalt an genanntem Ort, und alles was Neustadt in diesem Augenblick ist, ist es im wesentlichen durch Prinz Friedrich von Hessen-Homburg. Er besaß es zweiunddreißig Jahre lang, aber nur sechzehn Jahre (bis 1678) konnte er ihm seine besondere Aufmerksamkeit widmen. Diese sechzehn Jahre genügten jedoch. Ja, wenn dieser Zeitabschnitt auch noch wieder halbiert worden wäre, würde dadurch an dem Gesamt-Resultate seines Schaffens an eben dieser Stelle nichts Erhebliches geändert worden sein, denn er griff so rasch und energisch ein, dass bereits zwei, höchstens vier Jahre nach Übernahme des Besitzes all das begonnen war, was spätere Jahrzehnte nur glänzender hinausführten. Auf dies „erste Beginnen“ kommt es allezeit an. Ob dasselbe, Mal auf Mal, bei ihm selber oder bei seiner Gemahlin, der Gräfin Brahe, oder aber bei dem schon rühmlich erwähnten Amtsverwalter Liborius Eck lag, den er, als einen höchst fähigen Administrator aus der Königsmarckschen Zeit her, mit übernommen hatte, gilt gleich; die oberste Herrschaft gibt den Namen und die Hessen-Homburgische Zeit ist und bleibt die große Epoche von Neustadt.

Bei Übernahme des Gutes bestand es aus sieben Bauernhöfen, einer Schmiede und einer Mühle, war also kleiner als das kleinste Dorf. Die Bewohner zahlten keine Abgaben, hatten aber Dienste auf dem Amte zu leisten. Das war das Neustadt von 1662. Zwei Jahre später (1664) bestand es bereits aus siebenundvierzig Bürgerhäusern und einer Vorstadt, in welcher letzteren sich weitere fünfundzwanzig Familien niedergelassen hatten; dem Orte selbst aber war auf Antrag des rastlosen und bei Hofe einflussreichen Prinzen Stadtgerechtigkeit und das Recht, zwei Jahrmärkte abhalten zu dürfen, zugestanden worden. Das gleichzeitig empfangene Wappen setzte sich links aus einem Elentier, rechts aus einem springenden Löwen zusammen, wovon sich der Löwe mutmaßlich auf den Prinzen, das Elentier auf die Stadt bezog.

Aber bei dem bloßen Bauen und Stellenbesetzen ließ es der Prinz nicht bewenden, vielmehr ging durch seine ganze Tätigkeit ein organisatorischer Zug, dem es nicht genug war, überhaupt etwas zu tun, sondern vor allem das praktisch Richtige zu tun. Das nächste war eine Regulierung der Dosse, die damals, wie noch jetzt die Spree im Spreewald, in zahllosen Armen durch die Dosse-Niederung floss. Der herrliche Wiesenstand, der auf diese Weise gewonnen wurde, leitete zu sorgsamer und eifriger Pferdezucht und dadurch zu den Anfängen der späteren Gestüte hinüber. Der Raseneisenstein, der sich vorfand, ließ eine Eisenhütte, der reiche Holzbestand eine Glashütte entstehen, an der Dosse selbst hin aber erwuchsen Schleifereien für das gewonnene Glas, andererseits Papier- und Schneidemühlen. Wer Kolonisierung studieren will, muss die Geschichte von Mark Brandenburg studieren. Aber wenn die ganze Provinz nach dieser Seite hin ein sehr lehrreiches Beispiel bietet, so bietet vielleicht unser Neustadt von 1662–1666 ein Muster unter den Musterstücken.

Das Jahr 1666 schien freilich ausersehen, alles wieder in Frage zu stellen. Die siebenundvierzig Bürgerhäuser brannten nieder, mit ihnen das Amt, das mutmaßlich dem Prinzen als Wohnung gedient hatte. Zugleich auch die reformierte Kapelle. Eine Stadtkirche gab es noch nicht. Erhalten blieben (vorläufig) nur die vorstädtischen Fabrikbezirke, soweit von „Vorstadt“ und „Fabrikbezirken“ damals die Rede sein konnte.

Prinz Friedrich indes, tapfrer Soldat der er war, ließ sich diesen Unheilstag nicht allzu schwer anfechten, und die niedergebrannte Stadt wurde schöner und größer wieder aufgebaut. Von einem Rathaus-Bau sah er vorläufig ab und nur der Errichtung eines Gottes-Hauses schenkte er seine volle Aufmerksamkeit. Schon 1673 konnte der Grundstein zur Kirche gelegt, 1686 dieselbe geweiht werden. Lange vorher jedoch hatten sich Ereignisse zugetragen, zu denen – wenn auch nicht die Stadt Neustadt als solche – so doch ihr Besitzer, der Prinz, in die nächsten Beziehungen getreten war.

Diesen Ereignissen wenden wir uns jetzt zu.

Der Dienst, selbstverständlich, hielt den Prinzen monatelang seinem geliebten und mit Vorliebe gepflegten Neustadt fern. War dies schon in ruhigen Zeiten der Fall, so vollends in Kriegszeiten, wie sie seit 1674 wieder angebrochen waren. Der Prinz befand sich (1675) mit seinem kurfürstlichen Herrn im Elsaß, danach in Franken, allwo den 18. Mai, im Lager vor Schweinfurt, die Nachricht vom Einfall der Schweden in die Mark Brandenburg eintraf. Der Kurfürst brach sofort auf, mit ihm der Prinz. Am 11. Juni war er in Magdeburg, am 14. vor Rathenow, und nahm von hier aus, nach Erstürmung eben dieser Stadt durch Derfflinger, an jener berühmt gewordenen Verfolgung teil, die der schwedischen Armee schon am 16. und 17. in verschiedenen Avant-Garden-Gefechten erhebliche Verluste beibrachte. Am 17. waren die verfolgenden Brandenburger bis Nauen gekommen. Von hier aus schrieb unser Prinz, dem für den nächsten Tag eine so bedeutende Rolle vorbehalten war, an seine Gemahlin folgenden Brief:

„Meine Engelsdicke,*) wir seint braff auf der jacht mit den Herren

* Die Dame, die hier in so gewinnender Weise angeredet wird, war seine zweite Gemahlin, eine geborene Prinzessin von Kurland, mit der er sich, nach dem 1669 erfolgten Tode der Gräfin Brahe, im Jahre 1672 vermählt hatte. Diese zweite Gemahlin starb 1690. Er vermählte sich dann 1692 zum dritten Mal, und zwar mit Gräfin Sibylle von Leiningen. Diese überlebte ihn.

Schweden, sie seint hier beim passe Nauen diesen morgen übergegangen, mußten aber bei 200 Todten zurückelassen von der arrier guarde; jenseits haben wir bei Fer-Berlin alle brücken abgebrannt und alle übriche paesse so besetzet, das sie nun nicht aus dem Lande wieder können. Sobald unsere infanterie kombt, soll, ob Gott wolle, die ganze armada dran. Der schwedische Feldherr**) war mit 3000 Mann in Havelberg, wollte die Brücke über die Elbe machen lassen, aber nun ist er von der armada abgeschnitten und gehet über Hals und Kopf über Ruppin nach pommern. Sein Bruder commandirt diese 12,000 mann hier vor uns. Wo keine sonderbare straff Gottes über uns kombt, soll keiner davon kommen, wir haben dem Feind schon über 600 todtgemacht und über 600 Gefangene. Heute hat Henning wohl 150 pferth geschlagen, und gehet alleweil Lüttique mit 1500 Mann dem Feindt in ricken. Morgen frihe werden sie ihnen den 1. morgensegen singen. Wir haben noch kein 60 mann verlohren, und unsere leite fechten als lewen. – In zwei Tagen haben wir unsere infanterie und morgen dem Fürsten von Anhalt mit 4000 mann, die Kayserlichen werden alle Tage erwartet mit 8000 mann. Dann gehen wir gerath in pommern, und wenn die battaglie vorbey, gehe ich nach Schwalbach, habe schont Urlaub. – Adieu, mein Engel, dein trewer Mann und diner sterb ich.

Friedrich L. z. Hessen."

„Ich kann wegen affaires unmöglich mehr schreiben."

Nichts kann uns eine bessere Vorstellung geben von der Stimmung, welche im brandenburgischen Heere herrschte, zumal auch von der des Prinzen selbst, der nunmehr auf vierundzwanzig Stunden in die vorderste Linie trat. Am folgenden Tage, am „Tage von Fehrbellin", führte er die Avantgarde, hing sich mit dieser an die Schweden, brachte sie zum Stehen und wurde so die vorzüglichste Ursache zum Siege über dieselben. Verfuhr er anders, so entkam der Feind. Er selber hat über diese glänzende Aktion am Tage darauf (19.) von Fehrbellin aus, abermals in einem Briefe an seine „Engelsdicke" berichtet. Der Brief lautet:

„Allerlibste Frawe!

Ich sage nun E. L. hiermit, das ich gester morgen, mit einichen Tausent mann in die advanquart commandiret gewesen, auff des Feindtes contenance achtung zu haben, da ich denn des Morgens gegen 6 Uhr des Feindtes gantzer armé ansichtig wurde, der ich dann so nahe ging, das er sich mußte in ein Scharmützel einlassen, dadurch ich ihn so lange auffhielte, bis mir J. Dl. der Churfürst mit seiner gantzen Cavallerie zu Hülfe kam. Sobalten ich des Churfürsten ankunft versichert war, war mir bang, ich möchte wider andere ordre bekommen, und fing ein hartes treffen mit meinen Vortruppen an, da mir denn Dörffling soforth mit

** Der „Feldherr", von dem der Brief hier spricht, war Karl Gustav Wrangel, der berühmte Wrangel aus der Zeit des dreißigjährigen Krieges; sein weiterhin in diesem Schreiben erwähnter jüngerer Bruder, der bei Fehrbellin kommandierte. war General Waldemar Wrangel. („Henning", von dem der Brief spricht, ist natürlich Oberst Henning von Treffenfeld und „Lüttique" General Lüdicke.)

einichen Regimentern secontirte. Da ging es recht lustig ein stundte 4 oder 5 zu, bis entlichen nach langem Gefecht die Feindte weichen musten, und verfolgten wir sie von Linum bis Fer-Berlin, und ist wohl nicht viel mehr gehört worden, daß eine formirte armee, mit einer starken infanterie und canonen so wohl versehen, von blosser Cavallerie und tragonern ist geschlagen worden. Es hilte anfenglich sehr hart; wie denn meine Vortruppen zum zweidten mahl braff gehetzet wurden, wie noch das anhaltische und mehr andere regimenter. Wie wir denn entlichen so vigoureusement drauff gingen, das uns der Feind le champ de battaglie malgré hat lassen, und sich in den passe Fer-Berlin retiriren mußte, mit Verlust von mehr als 2000 Todten ohne die plessirten. Ich habe, ohne die zweitausend im Vortrupp commandirten, mehr als 6 oder 8 escatronen angeführet. Zuweilen must ich lauffen, zuweilen machte ich laufen, bin aber diesesmahl Gottlob ohn plessirt davongekommen. Auf schwedischer seiten ist gepliben der Obrist Adam Wachtmeister, Obr.-Liet. Malzan von General Dalwichens (Regiment) und wie sie sagen noch gar viele hohe oficirer; Dalwig ist durch die achsel geschosen, und sehr viele hart plessirt. Auf unser seiten wurde mir der ehrliche Obrist Mörner an der Seiten knall und falle todt geschossen, der ehrliche Frobenius todt mit einem stücke, kein schrit vom Kurfürsten. Strauß mit 5 Schossen plessirt; Major Schlapperdorf blib diesen Morgen vor Ferberlin; – – es ging sehr hart zu; da wir gegen die biquen Compani fechten musten, ich bin etzliche mahl ganz umringet gewesen. Gott hat mir doch allemahl wider drauss geholfen, und wehren alle unsere stücke und der Feld-Marschalk selbsten Verlohren gewesen, wenn ich nicht en personne secundiret hette. Darüber denn der retliche Mörner blieb. Hetten wir unsere infanterie bey uns gehabt, solte kein mann von der gantzen armée davon gekommen sein, es ist jetzo eine solche schreckliche terreur panique unter der schwedischen Armee, das sie auch nur braff lauffen können. – – Nachdeme alles nun vorbey gewesen, haben wir auff der Walstett, da mehr als 1000 Todten umb uns lagen, gessen und uns braff lustig gemacht; der Hertzog von Hannover wird nun schwerlich gedenken über die Elbe zu gehen, und ich halte davor, weilen die schweden nun so eine harte schlappe bekommen, er werdte sich eines besseren bedencken. Wangelin, der durch Uebergab von Ratenau viel daran schultig ist, dörffte grose Verantwortung haben, wo er nicht gar den Kopf lassen mus. Gegeben im Feldlager bei Fer-Berlin den 19. Juni 1675."

Dieser Brief (an einer Stelle vielleicht lückenhaft; es scheint ein Nachsatz zu fehlen) ist, wie der vorige, nicht nur bezeichnend für die Frische und Anspruchslosigkeit des Schreibers, er ist auch historisch wichtig, weil er die älteren Berichte über diese Schlacht, wie sie sich im Theatrum Europaeum, im Pufendorf etc. finden, bestätigt und die erst um die Mitte des vorigen Jahrhunderts auftretende Sage von Insubordination, kurfürstlichem Zorn und Kriegsgericht aufs evidenteste widerlegt. „Wir haben uns nachher recht lustig auf der Wahlstatt gemacht." Diese Worte des Briefes passen schlecht zu einem angedrohten Kriegsgericht. Nicht Angeklagter, wohl aber Kläger scheint er später gewesen zu sein. Wenigstens finden wir in einem Briefe, den seine Schwägerin am 19. Oktober 1675 an den Grafen von Schwerin schreibt, folgende Stelle: „dem redlichen Landgrafen ist nicht eins gedankt, vor dem das er bei Fehrbellin gethan; also geht es in der Welt, die Pferde, die den Haber verdienen, bekommen am wenigsten."

Alle diese Verstimmungen können aber nicht ernster Art gewesen sein. 1676 sehen wir den Prinzen aufs Neue mit seinem kurfürstlichen Herrn im Felde, und nachdem er sich bei der Eroberung von Pommern an der Seite desselben abermals ausgezeichnet hat, erhält er von ihm die erledigten Wachtmeisterschen und Rheinschildschen Lehne als ein Geschenk.

Der Verwaltung dieser aber (ebenso wie der seines viel geliebten „Amtes Neustadt") konnt er sich von da ab nicht mehr unterziehen. Zwei Jahre später schon, 1678, fiel ihm, nach dem Ableben seines Bruders Wilhelm, die Grafschaft Hessen-Homburg zu. Größeres lag ihm nunmehr ob, und das Kleinere, das so viele Jahre lang der Gegenstand seiner liebevollen Sorge gewesen war, musste daneben zurückstehen. Die Administration der märkischen Güter ward immer schwieriger, und so sprach er denn – nachdem er übrigens im Jahre 1679 noch Amt Neustadt durch Ankauf des Lüderitzschen Rittergutes Dreetz erweitert hatte – seine Bereitwilligkeit aus, besagtes Amt an den Kurfürsten Friedrich III. käuflich abzutreten. Dies war 1694.

Was er aber bis dahin gegründet hatte, lebte fort und prosperiert (wenigstens teilweis) bis diese Stunde noch. Überall hatte sein Blick das Richtige getroffen, das, was den gegebenen Bedingungen entsprach.

Er starb 1708.

ZUR TEXTGESTALTUNG

Die kritische Kleistausgabe des Bibliographischen Instituts, die Erich Schmidt im Verein mit Georg Minde-Pouet und Reinhold Steig herausgegeben hat, liegt in zwei Auflagen vor. Unsere Ausgabe folgt dem Text der zweiten Auflage. Nur an einer Stelle haben wir uns für eine andere Fassung entschieden: Im 1. Auftritt des dritten Aktes (Vers 802) haben wir das „Allerdings!" dem Grafen von Hohenzollern zugeteilt; das erschien uns sinnvoller, als wenn der Prinz von Homburg damit seine eigene Frage beantwortet – wie in der kritischen Ausgabe.

Die Rechtschreibung wurde den neuen amtlichen Regeln behutsam angepasst.

ANMERKUNGEN

Die Ziffern vor den Anmerkungen bezeichnen die Verse.

v.1 *Friedrich Wilhelm,* Kurfürst von Brandenburg. Der „Große Kurfürst" lebte 1620–1688 und regierte seit 1640.

Die Kurfürstin Elisa. Der Name Elisa ist von Kleist erfunden. Der Kurfürst hat zwei Frauen gehabt: die erste, Luise Henriette von Oranien, war die Tochter des Erbstatthalters der Niederlande; sie starb 1667, ein Jahr nach der Vermählung. 1668 heiratete er die verwitwete Herzogin Dorothea von Lüneburg. Auch diese war zur Zeit der Schlacht nicht in Fehrbellin, sondern in Minden!

Prinzessin Natalie von Oranien. Diese Figur von Kleist erfunden – angeregt durch die Gestalt der Thekla aus Schillers „Wallenstein". Vergl. Anmerkung V. 567ff.

Feldmarschall Dörfling. Der berühmte Feldmarschall Georg von Derfflinger (1606–1695). Zunächst in schwedischen Diensten; seit 1655 in der Brandenburgischen Armee: 1670 wird er Generalfeldmarschall. Ihm verdankt Brandenburg seine Reiterei. Im Schwedenkrieg erfolgt unter seiner Führung die Erstürmung von Rathenow und die Entscheidung bei Fehrbellin.

Prinz Friedrich Arthur von Homburg. Der Vorname Arthur ist nicht historisch.

Obrist Kottwitz. Obrist = Oberst. Kleist verwendet beide Bezeichnungen nebeneinander. Kottwitz führte in der Schlacht bei Fehrbellin Derfflingers Dragoner.

Hennings. Joachim Hennings wurde nach der Schlacht bei Fehrbellin zum Oberst ernannt. Siegfried von Mörner fiel bei Fehrbellin. Die weiter genannten: Graf Truchß, Graf Hohenzollern, Rittmeister von der Golz und die Rittmeister Graf von Sparren, Stranz, Graf Reuß sind erfundene Figuren.

Heiduck. Bezeichnet ursprünglich den Angehörigen eines in Ungarn heimischen Volksstammes, später auch leicht bewaffnete Soldaten und – im 18. Jh. – Läufer und Bediente in ungarischer Tracht.

Fehrbellin. Als die Schweden im Januar 1675 in die Mark einfielen, stand der Kurfürst im Krieg mit Frankreich und lag mit seiner Armee in Winterquartieren am Main. Über den Aufbruch und den Marsch nach Norden, über die Einnahme von Rathenow und den Verlauf der Schlacht bei Fehrbellin berichtet unser Anhang!

Garten im altfranzösischen Stil. Der streng geometrische Stil der französischen Gärten aus der Zeit Ludwigs XIV. (Versailles) beherrschte bis zum Ende des 18. Jahrhunderts die Gartenarchitektur der europäischen Schlossgärten. Solche Gärten gab es damals in der Mark Brandenburg nur in Charlottenburg und in Potsdam – aber nicht in Fehrbellin.

9 *Rhyn.* Heute: Rhin. Nebenfluss der Havel.

10 *Hackelberge.* Dieser Name von Kleist erfunden für die Anhöhen bei dem Dorf Hakenberg.

11 *Schwadron* (ital., frz.). Eine Einheit der Reitertruppe.

Instruieren (frz.). Unterweisen.
13 *Gemessen.* Kurz und knapp.
30 *Im Schlaf versenkt.* Ähnliche Abweichungen in dem Gebrauch der Fälle nach den Fürwörtern kommen bei Kleist noch an anderen Stellen vor; sie entsprechen einem älteren Sprachgebrauch.
33 *Er braucht des Arztes.* Der zweite Fall ist heute bei „gebrauchen" nicht mehr üblich. Vergl. aber: „sich bedienen"!
39 *Unart.* Hier: Abweichung, Laune.
45 *Demant.* Alte Form für Diamant.
49 *Rüstsaal.* Das Zeughaus in Berlin, das aber erst später (1695–1706) erbaut wurde.
57 *Sterngucker.* Sterndeuter, Astrologe.
58 *... ihm winden ...* sich winden. Die Verwendung des persönlichen Fürwortes statt des rückbezüglichen war früher häufig.
63 *Florne Haube.* Flor: Zartes Gewebe.
79 *Zikade.* Das Bild der Grille für den Pagen wird in den folgenden Versen weiter durchgeführt.
98 *Mameluck* (arabisch: Mamluk = Sklave). Angehöriger der Leibwache der Sultane Ägyptens.
129 *Hackelwitz.* Erfundener Name in Anlehnung an: Hakenberg.
136 *Parole* (frz.). Befehl. Tagesbefehl.
178 *Über Täler schweben.* Vergl. AnmerkungV. 30!
195 *Vision* (frz.). „Gesicht". Erscheinung.
196 *Schäferstunde.* Die Hirtendichtung oder Schäferpoesie besingt das Liebesglück einfacher Hirten.
209 *... in unser Lager eingetroffen.* Vergl. die Anmerkungen V. 30!
v. 219 *Kollett* (frz.). Auch: Koller. Kragenloses Brustwams aus Leder.
224 *Posten von tausend Mann.* Abteilung von tausend Mann.
228 *Vortrab.* Vorhut, Vorausabteilung.
235 *Kalkhuhn.* Einen Kanzler Kalkhuhn kennt die Geschichte nicht.
262 *Posten fassen.* In Stellung gehen.
274 *Bei Rathenow.* Vergl. Anmerkung v. V. 1 (Dörfling) und den Anhang.
309 *Trift.* Eigentlich: Flaches Ödland, auf das die Herden getrieben werden. Hier: die sumpfige Niederung am Rhyn.
313 *Fanfare* (frz.). Trompetensignal zum Angriff.
v. 314 *Komplimentieren* (frz.). Ehrerbietig grüßen.
329 *Suite* (frz.). Gefolge.
349f. *du hast... zwei Siege jüngst verscherzt.* Von Kleist frei erfunden.
Regier dich wohl. Beherrsche dich, bezähme dich.
355 *Nun denn auf deiner Kugel, Ungeheures,...* Durch Füllhorn, Segel und Kugel wird die römische Göttin Fortuna seit der Renaissance als Gaben spendend, flüchtig und wankelmütig gekennzeichnet.
380 *Sich scheuen.* Scheu werden, scheuen.
395 *Hintertrab.* Nachhut.
410f. *Man läutete ... zur Andacht ein.* Hier hat Kleist zwei Redeweisen vermischt: Zur Andacht läuten und Die Andacht einläuten. In der protestantischen Mark Brandenburg gibt es keine Frühmette!
v. 457 *Musketenfeuer.* Muskete = Luntenflinte.

472 *Ordre* (frz.). Befehl.

487 *Die zehn märkischen Gebote.* Die Gebote des brandenburgischen Soldatenlebens.

490 *Ordonnanz* (frz.). Soldat oder Offizier, der zu besonderen Diensten zur Verfügung steht.

530 *Feldredoute.* Geschlossene Schanze im freien Feld, Igelstellung.

557 *Standarte* (frz.). Bezeichnete damals die kleinere Reiterfahne.

567ff. *Nataliens Klage.* Vergl. dazu Homers Ilias VI, 413 (Klage der Andromache). Moritz von Oranien war seit 1585 als Nachfolger seines Vaters Oranien Statthalter der Niederlande; er starb kinderlos 1625. Zur Zeit des Großen Kurfürsten war Wilhelm III. Statthalter der Niederlande (1650–1689). Die Freiheitskämpfe der Niederlande hatten schon vorher ihren Abschluss gefunden: 1648 wurden sie als selbstständiger Freistaat bestätigt. Das von Kleist konstruierte Schicksal der Prinzessin Natalie erinnert an das Schicksal der Schwester Friedrich Wilhelms III., die als „Opfer Napoleons" in der „Verbannung" lebte.

643 *Froben.* Zu dem Bericht von seinem Opfertod vergl. das Nachwort. Froben war damals 35 Jahre alt; wenn der Kurfürst ihn „Alter" nennt, so entspricht das nicht der geschichtlichen Wirklichkeit.

646 *Tross.* Die Truppe, die das Gepäck betreut.

664 *Entsitzen.* Absteigen, absitzen von. Neue Wortbildung von Kleist.

689 *Graf Horn.* Diese Figur und der Waffenstillstand unhistorisch.

713 *Cäsar Divus.* Divus (göttlich) ist das Beiwort der römischen Kaiser nach ihrem Tode.

714 *Die Leiter setz ich an.* Vgl. Schiller, Piccolomini IV, 4.

v. 715 *Katafalk* (ital.). Schaugerüst zur Aufstellung der Leiche.

737 *Kriegsrecht.* Hier: Kriegsgericht.

741 *Trophäe* (lat.). Siegeszeichen, -beute.

757 *Per aspera ad astra* (lat.). Über raue Pfade zu den Sternen.

777 *Mein Vetter Friedrich will den Brutus spielen.* Der römische Historiker Livius erzählt von L. Junius Brutus, Gründer und erster Konsul der römischen Republik, der seine beiden Söhne hinrichten ließ, die sich an einer Verschwörung beteiligt hatten. (Livius II, 5, 8).

779 *Auf dem kurul'schen Stuhl.* Die sella curulis – ein Stuhl ohne Lehne mit kreuzweise gestellten Beinen – ist der Sitz der römischen Herrscher und der höheren römischen Beamten.

784 *Von altem Schrot und Korn.* Schrot und Korn sind Bezeichnungen aus dem Münzwesen: Schrot das Bruttogewicht der Münze, Korn ihr Feingewicht.

787 *Wie die Antike starr.* Bezieht sich hier auf die aus der Geschichte bekannte römische Strenge.

811 *deines ... Namen.* Kleist verwendet hier den schwachen Genitiv.

823 *Festung.* Ehrenvolle Haft für militärische oder politische Vergehen, die nicht als gewöhnliche Verbrechen gelten können.

853f *Den Eulen gleich* ... das Grablied singen. Die Eulen gelten nach dem Volksglauben als Verkünder des Todes.

902 *Dey von Algier.* Der Titel des Oberhauptes der Janitscharen, die von 1600 bis 1830 Algier mit Gewalt beherrschten.

903 *Cherub* (hebräisch). Die Mehrzahl ist: Cherubim.

904 *Sardanapal.* Der letzte assyrische König, der sich während der Eroberung Ninives durch die Meder und Babylonier verbrannte (606 v. Chr.). Er war wegen seines üppigen Lebens bekannt

918f. *Sein Geschäft geht an die Prinzessin von Oranien.* Diese Werbung des Schwedenkönigs Karls IX. Gustav (1660–1697) um eine brandenburgische Prinzessin ist erfunden.

976 *Der deiner Pferde pflegt.* Vgl. Anmerkung V. 30.

988 *Das öde Schauspiel.* Öde hier: furchtbar, unheimlich.

1001 *Kassation* (frz.). Absprechung des Offiziersranges.

1011 *Hedwig.* Name und Vorgang sind von Kleist erfunden.

1046 *Base Thurn.* Auch dieser Name ist frei erfunden.

1114 *Das Herz in der erznen Brust.* Das Bild wurde schon in der griechischen und römischen Literatur gebraucht: bei Homer und Horaz.

1134 *Unberufener Sieg.* Ungeplanter, zufälliger Sieg.

1139 *Das braucht nicht dieser Bindung.* Genitiv! Vgl. Anmerkung V. 30.

1186 *Kassieren* (frz.). Einziehen, aufheben.

1215 *Supplik* (frz.). Bittschrift.

1245 *Arnstein.* Erfundener Ortsname.
Kantonieren (frz.). Verteilt über verschiedene Dörfer und Lager.

1257 *Subskription* (lat., frz.). Unterschrift, Sammlung von Unterschriften, Ausschreibung.

1274 *Portefeuille* (frz.). Brieftasche, Mappe.

1286 *Derwisch* (persisch: arm). Mohammedanischer Bettelmönch.

1286ff. *Monolog des Prinzen.* Vgl. Hamlets Monolog (Hamlet III, 1).

1327 *Sitzt.* Setzt Euch.

1355 *Bedingen.* Hier: zur Bedingung machen.

1412 *Dey von Tunis.* Vgl. Anmerkung V. 902 (Dey von Algier).

1414 *Die seidne Schnur.* Wurde als Zeichen der Ungnade von den türkischen Sultanen den Beamten zugesandt, die sich vergangen hatten; sie hatten sich durch Freitod selbst zu richten.

1417 *Priegnitz.* Nordwestlicher Teil der ehem. Kurmark Brandenburg.

1444f. *Falls ... du ... auf den Spruch beharrst.* Heute wäre der Dativ zu setzen. Vgl. Anmerkung V. 30!

1451 *Drost* (hochdeutsch: Truchsess). Amtstitel: Amtmann, Vogt – früher besonders in Hannover und Westfalen üblich.

1457 *Überall.* Hier: überhaupt.

1477 *Schweizer.* Torhüter. Die Tätigkeit wurde häufig von Schweizern versehen. Vgl. die Schweizergarde des Vatikan!

1478 *Jäger.* Fürstlicher Diener in Jägerkleidung ...

1515 *Peinlich angeklagt.* „Hochnotpeinlich", d. h. auf Leben und Tod angeklagt.

1522 *Empfangen.* Hier: erdacht, geplant.

1533 *Sukkurs wirken.* Hilfe bringen, verstärken.

1566f. *Den Sieg ... der ... mir von der Bank fällt.* Den Sieg, der als „Bankert", d. h. ungesetzlich entstanden ist.

1575f. *Die Regel, nach der der Feind sich schlägt.* Die Regel, nach der der Feind geschlagen wird.

1597 *Den Stab brechen.* Früher wurde zum Zeichen der Verurteilung der weiße Stab des Richters über dem Verurteilten zerbrochen und ihm vor die Füße geworfen.
1600 *Wie ein Schäfer.* Mühelos wie ein Schäfer in der Hirtendichtung.
1629 *Das übersteigt die Fabel!* An Unglaubwürdigkeit.
1635 *Unter den Platanen.* In der szenischen Anweisung zu I, 1 heißt es: unter einer Eiche.
1674 *Entnehmen.* Hier: abnehmen.
1707 *Schlussgebäu.* Das Denkgebäude des logischen Schlusses.
1720 *Die delph'sche Weisheit.* Das Orakel zu Delphi. Die von der Priesterin (des Gottes Apollo) in der Ekstase verkündeten unzusammenhängenden Worte wurden von Priestern gedeutet. Das Orakel galt später als unzuverlässig und zweideutig.
1783 *Kettenkugeln.* Zwei durch Ketten verbundene Kugeln. Vgl. Schiller, „Wallensteins Tod" III, 19.
1787 *Missglück.* Verhängnis.
1796 *Seraph* (hebräisch). Der Plural: Seraphim.
1821 *Kränken.* Hier: schädigen, schwächen.

ANMERKUNGEN ZUM ANHANG

Zwei Berliner Maler. Der Maler Carl Kretschmar (1769–1847) gewann den Preis mit seinem Gemälde „Versöhnung des Prinzen von Homburg auf dem Schlachtfeld von Fehrbellin", das Kleist sicher gekannt hat; schon hier ist der Prinz als jugendlicher Mann dargestellt.
Fontane. Die Geschichte von Neustadt a. D. steht im 1. Teil der „Wanderungen": „Die Grafschaft Ruppin", der 1861 zuerst erschien.
Belagerung von Kopenhagen. Nach dem Frieden von Roeskilde (1658) versuchten die Schweden ihre Forderungen von den Dänen durch Gewalt zu erzwingen. Die Belagerung verlief erfolglos.

Administrator	Verwalter	*malgré*	trotzdem
arrier guarde	Nachhut	*retiriren*	zurückziehen
armada	Armee	*plessirt*	verwundet
battaglie	Schlacht	*escatron*	Schwadron
affaires	Geschäfte	*biquen Compani*	Piken-Kompagnie (Fußtruppe)
Avantgarde, advanquart	Vorhut		
E. L.	euer Liebden	*en personne*	persönlich
contenance	Verhalten	*terreur panique*	panischer Schrecken
I. Dl.	Ihre Durchlaucht	*Theatrum Europaeum*	Geschichtsbuch
sekontiren	beistehen	*Pufendorf (1632–94)*	Rechtsgelehrter u. Historiker
vigoureusement	gewaltig	*evident*	augenscheinlich
champ de battaglie	Schlachtfeld	*prosperieren*	blühen